# La vida secreta
# de Jesús

Nicolai Notovich

# La vida secreta de Jesús

EDICIONES OBELISCO

*La vida secreta de Jesús*
Nicolai Notovich

© Nicolai Notovich (reservados todos los derechos)
© Ediciones Obelisco (reservados todos los derechos
  para la lengua española)
© Lectorum, abril 2000
  bajo convenio con Ediciones Obelisco

Lectorum, S.A. de C.V.
Antiguo Camino a San Lorenzo 220
C.P. 09830, México, D.F.
Tel. 56 12 05 46
E-mail: lectorum@prodigy.net.mx

ISBN: 968-5270-06-6
Primera reimpresión: febrero de 2002
Portada: Blanca Cecilia Macedo

Impreso y encuadernado en México
*Printed and bound in Mexico*

# Prólogo

**D**esde la guerra de Turquía (1877-1878) he llevado a cabo una serie de viajes a través de Oriente. Después de haber visitado un buen número de localidades, incluso poco importantes, de la península de los Balcanes, penetré a través del Cáucaso en el Asia Central y Persia; finalmente, en 1887 me dirigí a la India, país admirable que me atraía desde la infancia.

El objeto de tal viaje era conocer y estudiar sobre el terreno los pueblos relacionados con la India y sus costumbres, la arqueología de una grandeza misteriosa, así como la naturaleza majestuosa y colosal de ese país. Sin plan preconcebido y errante de un lugar a otro, llegué hasta el Afganistán montañoso, desde donde volví a la India por las travesías pintorescas de Bolan y de Guernai. Después remonté el Indo hasta Raval-Pindi; recorrí el Punjab, país de los cinco ríos; visité el templo de oro de Amritsa, la tumba del rey de Punjab, Randjid-Singh, cerca de Lahore, y me dirigí hacia Cachemira, «valle de la eterna felicidad». Allí emprendí de nuevo mis peregrinaciones a medida de mi curiosidad, hasta que llegué a Ladak, desde donde me había propuesto regresar a Rusia por el Karakorum y el Turkestán chino.

Cierto día, en el transcurso de la visita que realicé a un convento budista situado en mi camino, tuve noticias a través del jefe de los lamas, de que existían en los archivos de Lasa memorias antiquísimas relacionadas con la vida de Jesucristo y las naciones de Occidente, y de que en ciertos grandes monasterios se podían hallar copias y traducciones de tales crónicas.

Como resultaba muy poco probable para mí poder viajar de nuevo por tal país, resolví retrasar mi regreso a Europa, bien fuese para hallar aquellas copias en los grandes conventos, o para llegar a Lasa, cuyo viaje está muy lejos de ser tan difícil y peligroso como se complacen en afirmar; sobre todo porque estaba ya tan acostumbrado a este tipo de peligros, que ya no podían hacerme retroceder ni un solo paso.

Durante mi estancia en Leh, capital del Ladak, visité el inmenso convento de Himis, situado en sus cercanías. El lama principal del mismo me declaró que la biblioteca monástica albergaba algunas copias de los mencionados manuscritos. A fin de no despertar recelos en las autoridades acerca del objeto de mi visita al convento y para no hallar obstáculos, en mi calidad de ruso, en un posterior viaje al Tibet, hice saber, de regreso a Leh, que volvía a la India, y abandoné nuevamente la capital del Ladak. Una desgraciada caída que sufrí, en virtud de la cual me fracturé la pierna, me proporcionó, de inesperada manera, el pretexto de regresar al monasterio, donde me prodigaron los primeros socorros médicos. Aproveché mi breve estancia entre los lamas para obtener del principal que me trajera de la biblioteca los manuscritos relativos a Jesucristo y, con la ayuda de mi intérprete, que me traducía la lengua tibetana, anoté cuidadosamente cuanto me leía el lama.

No dudando en absoluto de la autenticidad de dicha crónica, redactada con mucha exactitud por los historiadores brahmanes y sobre todo budistas de la India y del Nepal, quise, al regresar a Europa, publicar su traducción. Con este propósito, me dirigí a muchos eclesiásticos universalmente conocidos, rogándoles revisaran mis notas y me manifestaran su opinión.

Monseñor Platón, célebre metropolitano de Kiev,

opinó que dicho hallazgo entrañaba una gran importancia. No obstante, me disuadió de que diera a conocer las memorias, opinando que su publicación no podía menos que perjudicarme. ¿Por qué?... Esto es lo que el venerable prelado rehusó explicarme de modo más explícito. De todos modos, habiendo tenido lugar nuestra conversación en Rusia, donde la censura hubiera opuesto su veto a una obra semejante, opté por esperar.

Al cabo de un año me hallaba en Roma. Allí mostré mi manuscrito a un cardenal muy cercano al Santo Padre, quien me contestó textualmente lo que sigue: «¿Para qué imprimir esto? Nadie le concederá demasiada importancia y os atraerá, por otra parte, un sinnúmero de enemigos. Sin embargo, sois muy joven todavía. Si es cuestión de dinero lo que os interesa, yo podría obtener una recompensa en metálico por tales notas; recompensa que os indemnizaría de los gastos realizados y el tiempo perdido...» Naturalmente, la rehusé.

En París hablé de mi proyecto al cardenal Rotelli, con quien había trabado conocimiento en Constantinopla. También él se opuso a que imprimiera mi trabajo, so pretexto de que esto sería prematuro.

«La Iglesia —añadió— sufre demasiado por la nueva corriente de ideas ateas y no haríais más que proporcionar nuevo pasto a los calumniadores y a los detractores de la doctrina evangélica. Os lo digo en bien e interés de todas las iglesias cristianas.»

Seguidamente me entrevisté con Julio Simón. Halló que mi comunicación era interesantísima y me recomendó que solicitara la opinión de Ernesto Renán a propósito del mejor medio de publicar tales memorias.

Al siguiente día me hallaba ya sentado en el estudio del gran filósofo. Al final de nuestra conversación, Renán me propuso confiarle las «Memorias» en cuestión, a fin de que él pudiera redactar un informe para la Academia. Dicha proposición era, obviamente, muy

9

*halagadora y adulaba mi amor propio; sin embargo, volví a llevarme la obra, pretextando que debía revisarla de nuevo. Yo preveía, en efecto, que al aceptar tal combinación no me cabría más que el honor de haber hallado la crónica, en tanto que el ilustre autor de la* Vida de Jesús *se coronaría con toda la gloria de la publicación y sus comentarios. Y como, por otra parte, yo me consideraba bastante bien preparado para publicar por mí mismo la traducción de la crónica, complementándola con mis notas,. decliné la muy atenta oferta que me hizo. Pero a fin de no herir la susceptibilidad del gran maestro, a quien respetaba profundamente, resolví esperar a su muerte, acontecimiento fatal que no debía tardar, dada la extrema debilidad general que padecía Renán. Poco tiempo después de su óbito escribí de nuevo a Julio Simón, solicitándole su mejor consejo y me contestó que era a mí a quien pertenecía el juzgar y resolver acerca de la oportunidad para que aparecieran las «Memorias».*

*Pongo, pues, en orden mis notas y las publico ahora, reservándome el derecho de afirmar la autenticidad de las crónicas, y desarrollo en mis comentarios los argumentos que deben convenceros de la sinceridad y buena fe de los compiladores budistas, añadiendo que, antes de criticar mi comunicación, las sociedades doctas podrían, sin grandes dispendios, equipar una expedición científica que tendría por misión estudiar los manuscritos sobre el terreno y comprobar así su valor histórico.*

NICOLAI NOTOVICH

Verano de 1893

# Primera Parte

# VIAJE AL TIBET

# I

## Mi descubrimiento de «Issa»

*El monasterio de Moulbek*

En el Ladak o pequeño Tibet, la primera *gompa* (convento budista) que visité fue Moulbek. En la parte inferior se halla el poblado de Wakha. No lejos de allí llama la atención un peñasco de forma muy extraña, que parece haber sido transportado a aquel lugar por manos humanas; en este peñasco se ha tallado un Buda de algunos metros de altura.

Encima del peñasco hay una infinidad de veletas, que sirven para las oraciones. Son como unos círculos de madera, revestidos de telas amarillas o blancas; se hallan sujetos a un bastón clavado verticalmente en tierra, y basta el viento más ligero para arrancarlas. Aquel que ha logrado colocarlas allí ya no está obligado a recitar más sus plegarias, porque todo lo que los creyentes pueden pedir al dios está escrito en esas especies de círculos-veletas.

Visto de lejos, tanto el monasterio revocado en blanco y destacándose poderosamente sobre el tinte grisáceo de las colinas, como aquellas veletas con faldas, causan un efecto muy extraño en aquella comarca semimuerta.

Dejé mis caballos en el poblado de Wakha, y seguido de mi criado me encaminé hasta el convento, al cual conducía una escalera estrecha y tallada en plena roca. Arriba, fui recibido por un lama rechoncho, de escaso pelo bajo la barba, signo característico del pueblo tibetano, muy feo, pero de una gran cordialidad. Su atuendo se componía de una túnica amarilla y de un gorro con orejeras de paño del mismo color. Tenía en la mano derecha un círculo de cobre para sus oraciones, que de vez en cuando bamboleaba a la izquierda, sin por ello interrumpir en lo más mínimo nuestra conversación. Es la plegaria continua que se comunica al aire a fin de que a través de este elemento llegue más fácilmente al cielo. Atravesamos una hilera de cuartos bajos, cuyas paredes se hallaban adornadas con dibujos de rayos sobre los cuales destacaban imágenes de Budas de todos tamaños, fabricadas con todo tipo de materiales y cubiertas de una gruesa capa de polvo; y desembocamos, finalmente, sobre una terraza descubierta desde donde la vista, abrazando la región vecina, se extendía sobre una comarca inhóspita, sembrada de peñascos grises y atravesada por un solo camino que por ambos lados se perdía en los confines del horizonte.

Una vez sentados nos sirvieron enseguida cerveza de lúpulo, llamada allí *tchang*, que se prepara en el mismo convento. Esta bebida es la causa de la obesidad de los monjes, lo cual en esas latitudes es como un favor particular del Cielo.

## Los idiomas tibetanos

Se habla allí el tibetano. El origen de esta lengua se pierde en la noche de los tiempos. La única cosa cierta es que un rey del Tibet, contemporáneo de Mahoma, emprendió la creación de una lengua universal para todos los adeptos de Buda. Con este fin, hizo simplificar la gramática sánscrita, compuso un alfabeto que contenía un número indefinido de signos, y así sentó las bases de una lengua muy pronunciable pero cuya escritura es terriblemente complicada. En efecto, para representar un sonido, es necesario emplear, por lo menos, ocho caracteres. Toda la literatura tibetana moderna está escrita en dicha lengua. Por otra parte, la lengua tibetana pura se habla sólo en el Ladak y en el Tibet oriental, mientras que en las otras partes del país se emplean dialectos formados por una mezcla de esta lengua madre con diversos idiomas tomados a los pueblos vecinos de una u otra región. Hasta en la vida material del Tibet existen siempre dos lenguas: la una es absolutamente incomprensible para las mujeres y la otra es la que habla la nación entera. Sólo en los conventos se puede hablar la lengua tibetana en su pureza e integridad.

*El problema de las religiones, según los lamas*

El clero de los monasterios prefiere mucho más las visitas de los europeos a las de los musulmanes. Cuando le pregunté al lama el porqué, me contestó así:

«Los musulmanes no tienen ningún punto de contacto con nuestra religión, y hasta hace muy poco, en su campaña victoriosa, han convertido a la fuerza a un buen número de budistas a su religión. Nos son necesarios grandes esfuerzos para conducir a estos musulmanes a la vía del verdadero Dios. En cuanto a los europeos, sucede lo contrario. No solamente profesan los principios esenciales del monoteísmo sino que forman parte de los adoradores de Buda casi con idéntico título que los lamas que habitan el mismo Tibet. La única falta de los cristianos es que después de haber adoptado la gran doctrina de Buda, se hayan, al mismo tiempo, separado completamente de él y hayan creado un Dalai Lama diferente. El nuestro es el único que ha recibido el don divino de ver cara a cara la majestad de Buda y el poder de servir de intermediario entre la Tierra y el Cielo.»

«Cuál es este Dalai Lama de los cristianos que acabáis de mencionar —dije a mi interlocutor—. Nosotros tenemos un "Hijo de Dios" a quien dirigimos nuestras fervientes plegarias, y es a Él a quien recurrimos para que interceda cerca de nuestro Dios único e indivisible.»

«No es a éste a quien me refiero ahora, Saab. Nosotros respetamos también al que vosotros reconocéis como hijo de un Dios único, pero no vemos en él un hijo único, sino al ser excelente, el elegido entre todos. Buda, efectivamente, se encarnó en la sagrada persona de "Issa", quien sin emplear ni el fuego ni el hierro, fue a propagar por todo el mundo nuestra grande y verdadera religión. Yo me refiero a vuestro Dalai Lama terrestre, aquel a quien dais el título de Padre de toda la Iglesia.»

Comprendí en seguida que se refería al Papa.

### ¿Quién fue el santo «Issa»?

«Acabáis de decirme que un hijo de Buda, Issa, *el Elegido* entre todos, había difundido vuestra religión sobre la Tierra. ¿Quién era, pues, él?»

A tal pregunta el lama abrió desmesuradamente los ojos, me miró con sorpresa y pronunció palabras que no logré comprender, murmurando de una manera ininteligible:

«Issa es un gran profeta, uno de los primeros después de los 22 Budas. Es más grande que ninguno de los Dalai Lama, porque constituye una parte de la espiritualidad de nuestro Señor. Es él quien os ha instruido, quien condujo las almas frívolas al regazo de Dios, quien os ha hecho dignos de los beneficios del Creador, el que ha permitido, en fin, a cada ser que reconociera el bien y el mal. Su nombre y sus actos se hallan registrados en nuestras santas escrituras, y leyendo su espléndida existencia transcurrida entre gentes extraviadas, lloramos por el horrible pecado de los paganos que le asesinaron tras haberle torturado.»

16

Me asombré del relato del lama sobre el profeta «Issa», sus torturas y su muerte, nuestro Dalai Lama cristiano y los budistas reconociendo el Cristianismo: todo ello me hacía pensar más y más en Jesucristo. Rogué a mi intérprete no omitiera ninguna de las palabras del lama con quien yo conversaba.

«¿Dónde se hallan estas escrituras y quién las ha redactado?», pregunté al monje.

«Los principales volúmenes-rollos, cuya redacción tuvo efecto en la India y en el Nepal en diferentes épocas, se hallan en Lasa en número de muchos millares. En algunos conventos grandes existen copias que los lamas llevaron a cabo en diversas épocas durante su permanencia en Lasa, y que posteriormente legaron a sus conventos en recuerdo de su estancia en cada uno de los mismos, cerca del gran maestro, nuestro Dalai Lama.»

«¿Poseen ustedes algunas copias relacionadas con el profeta Issa?»

«No, no las poseemos. Nuestro convento es de escasa importancia, y desde nuestra fundación nuestros lamas sólo cuentan con algunos centenares de copias. Los grandes monasterios las tienen por millares, pero son objetos muy sagrados que en ninguna parte os mostrarán.»

Sostuvimos todavía algunos minutos más de conversación; después de lo cual me fui al campamento, reflexionando sobre los relatos del lama. «Issa», profeta de los budistas. Pero, ¿cómo habría podido ser? De origen judío, vivió en Palestina y en Egipto, y el Evangelio no contiene una sola palabra, ni la más mínima alusión al papel que habría representado el budismo en la educación de Jesús.

*Empieza la búsqueda de los manuscritos*

Tomé la determinación de visitar todos los conventos del Tibet, confiando obtener allí amplios detalles sobre el profeta «Issa», y quizás, hallar copias de documentos.

En el poblado de Lamayüre hay un convento que parece enclavado en los flancos de la roca y que se sostiene en ella de modo casi milagroso. Se desconocen las escaleras en tal monasterio, y para pasar de un piso a otro se sirven de cuerdas, comunicándose con el exterior por medio de todo un laberinto de pasajes y corredores sin fin. Debajo de las ventanas del convento, hay un pequeño albergue que se pone a disposición del viajero, con habitaciones poco atractivas. Apenas me había tendido sobre una alfombra cuando varios monjes vestidos con túnicas amarillas entraron en mi cuarto, hostigándome con preguntas acerca de los sitios que había recorrido, el objeto de mi viaje, etcétera. Finalmente, me invitaron a subir a su residencia.

A pesar de mi cansancio acepté su ofrecimiento, y me decidí a escalar los pasajes escarpados, cortados en la misma roca y atestados de una infinidad de veletas de plegarias, que tocaba sin querer. Se hallan colocadas allí para evitar a los transeúntes una pérdida de tiempo en sus preces, como si sus quehaceres hubieran debido absorber por completo su jornada y no les quedara tiempo para el rezo. Muchos budistas piadosos utilizan al efecto la corriente de los ríos: he visto una serie de círculos-veletas, provistos de sus formularios y colocados sobre la ribera, de manera que el agua los pone en movimiento y, por lo mismo, eximen a sus propietarios de la obligación de rezar.

Me senté sobre una banqueta en una sala donde reinaba una media claridad; las paredes se hallaban adornadas con las inevitables estatuas de Buda, libros y círculos-veletas. Los locuaces lamas se pusieron a explicarme el significado de cada objeto.

«Y estos libros —les pregunté— se relacionan, sin duda, con la religión?»

«Sí, señor. Son algunos tomos religiosos que tratan de los primeros y principales ritos de la vida común. Poseemos muchas partes de las palabras de Buda, consagradas al grande e indivisible Ser Divino, y a todo lo que ha salido de sus manos.»

«Entre estos libros, ¿no existen algunos relatos sobre el profeta Issa?»

«No, señor —me contestó el monje—. Poseemos algunos tratados relativos a la observancia de los ritos religiosos, y en cuanto a biografías de nuestros santos han sido recogidas en Lasa y hasta hay también importantes conventos que no han tenido todavía tiempo de conseguir una copia. Antes de venir a este *gompa* permanecí muchos años en un gran convento más allá de Ladak y he visto millares de libros y rollos-volúmenes copiados en diversas épocas por los lamas del monasterio.»

Después de interrogarles durante un rato, supe que el convento en cuestión se halla próximo a Leh. Mis reiteradas instancias tuvieron, al parecer, el don de despertar la sospecha en el espíritu de los lamas. Y con una verdadera satisfacción me condujeron otra vez abajo, donde me dormí, después de una ligera colación.

# II

# El gran convento de Himis

Cerca de Leh, capital del Ladak, se encuentra un gran convento llamado Himis que se alza en lo alto de una roca en medio de un valle que domina el Indo. Es uno de los principales monasterios del país, subvencionado por los dones de los habitantes y los subsidios enviados de Lasa. Sobre el camino que conduce al convento y después de cruzar el Indo por un puente cerca de numerosas poblaciones, se encuentra una infinidad de *manes* con piedras llenas de inscripciones grabadas que nuestros guías procuraban evitar torciendo por la derecha. Yo quise dirigir mi caballo hacia la izquierda, pero los ladakenses me hicieron retroceder y condujeron el animal por la brida, explicándome que era costumbre dar la vuelta por la derecha. Me fue imposible averiguar el origen de tal costumbre.

Nos encaminamos a pie en dirección a la *gompa* que domina una torre almenada visible desde muy lejos, y nos hallamos frente a una gran puerta pintada con colores chillones, formando parte de un vasto edificio de dos pisos que encierra un patio pavimentado con pequeños guijarros. A la derecha, en uno de sus ángulos, hay una puerta de grandes dimensiones, pintada y decorada con anchas anillas o argollas de cobre.

Es la entrada del templo principal, que decoran las pinturas de los ídolos más importantes y donde se ve una gran estatua de Buda, rodeada de estatuillas sagradas. A la izquierda existe una terraza adornada con una inmensa veleta de plegarias; todos los lamas del convento con su lama en jefe formaban círculo alrededor de la veleta. En la parte baja, al pie de la terraza, algunos músicos tenían en la mano largas trompetas y tambores.

A la derecha del patio hay una hilera de puertas que dan acceso a las habitaciones de los monjes, todas ellas decoradas con pinturas sagradas, adornadas con pequeñas veletas piadosas que se alzan sobre tridentes pintados de negro y rojo, y cuyas cintas de tela se hallan sobrecargadas de inscripciones.

En el centro del patio se alzan dos grandes mástiles, en cuya extremidad flotan dos colas de yak y largas cintas de papel recubiertas de preceptos religiosos. A lo largo de las paredes del convento se hallan veletas piadosas ornadas de cintas.

## Representación de un misterio religioso

Reinaba un profundo silencio en el patio; todos aguardaban con ansiedad el comienzo de un misterio religioso que se iba a representar. Nos habíamos instalado sobre la terraza no lejos de los lamas; casi inmediatamente los músicos arrancaron de sus trompetas sonidos suaves y monótonos, acompañándose con un tambor estrambótico compuesto de un círculo que soporta un bastón fijado en tierra.

A los primeros sonidos del melancólico canto con acompañamiento de música extravagante, se abrieron las puertas que daban a lo largo de las paredes del convento para dar paso a unos veinte personajes enmascarados, con diversos disfraces tales como animales, pájaros, diablos y monstruos imaginarios. Llevaban dragones fantásticos, demonios y cabezas de muertos, bordados en seda china de diversos colores en el pecho. De su tocado, que consistía en un sombrero de forma cónica, caían sobre el pecho largas cintas multicolores, cubiertas de inscripciones. Traían sobre la cara una máscara representando una cabeza de muerto bordada en seda blanca. Con este disfraz dieron la vuelta lentamente alrededor de los mástiles que se alzaban en el centro del patio, extendiendo los brazos de cuando en cuando y echando al aire, con la mano izquierda, una especie de cuchara cuya parte principal era un fragmento de cráneo humano rodeado de una cinta, al extremo de la cual habían fijado cabellos humanos que, se aseguraba, procedían de los enemigos que habían desollado. Su paseo en torno a los mástiles se transformó al poco rato en un brincoteo indeterminado. A un redoble más acentuado del tambor, los danzantes se detuvieron; luego repartieron, blandiéndolas en alto, varillas amarillas adornadas con cintas, que sujetaban con la mano derecha en actitud amenazadora. Fueron a saludar al jefe de los lamas, y después se aproximaron a la puerta que conducía al templo.

En ese momento, otros personajes con la cabeza cubierta de una máscara de cobre, entraron por las puertas principales del templo; su vestido se componía de telas bordadas en diferentes colores. En una mano sostenían pequeños tambores y en la otra agitaban campanillas. Una bola pendía a lo largo de cada tambor; el menor movimiento de la mano la lanzaba contra el pergamino sonoro, lo que producía un sonido extraño. Estos nuevos danzantes dieron varias veces la vuelta por el patio, acompañándose con ligeros toques de tambor. Después de cada vuelta hacían un alboroto ensordecedor chocando sus pequeños tambores todos a compás y luego se alejaban corriendo hacia la puerta de entrada colocándose en fila sobre los peldaños de la escalera.

Hubo un instante de silencio general; luego vimos aparecer por la puerta del templo un tercer grupo de gentes disfrazadas, cuyas enormes máscaras representaban diversas deidades y traían sobre la frente un tercer ojo.

Al frente marchaba «Thlongan-Poudma-Jungnas»,

literalmente «Nacido dentro de la Flor del Loto». Otra máscara, ricamente vestida, la acompañaba, sosteniendo un gran parasol amarillo cubierto de dibujos. Su cortejo se componía de dioses con trajes magníficos: «Dorje-Trolong» y «Sangspa-Kourpo» (es decir, el mismo Brahma), y otros. Estas máscaras, según nos explicó un lama sentado a nuestro lado, representaban seis clases de seres sometidos a las metamorfosis: los dioses, los semidioses, los hombres, los animales, los espíritus y los demonios.

Al lado de cada uno de los anteriores personajes que se adelantaban gravemente, marchaban otras máscaras cuyos trajes de seda eran de colores llamativos, y sobre sus cabezas llevaban trenzadas coronas de oro con una orla de seis florones, en el centro una alta flecha, y cada máscara sostenía en la mano un tambor.

Con este disfraz dieron tres veces la vuelta alrededor de los mástiles, a los sones de una música atronadora e incoherente, y se sentaron en el suelo rodeando a «Thlongan-Poudma-Jungnas», dios con tres ojos que se introdujo con toda gravedad dos dedos en la boca e hizo oír un silbido estridente. A esta señal, dos jóvenes revestidos con traje guerrero, llevando camisas cortas y cascabeles en las piernas, y sobre sus cabezas monstruosas máscaras pintadas de verde donde flotaban también banderas rojas triangulares, salieron precipitadamente del templo a paso de carrera. Haciendo un ruido infernal con sus tambores y sus cascabeles se pusieron a bailar alrededor de los dioses sentados en el suelo. Dos jóvenes gallardos que les acompañaban y se habían puesto un traje de bufón, ejecutaron toda suerte de saltos y movimientos grotescos. Uno de ellos, mientras bailaba, tocaba sin cesar el tambor que sostenía su compañero y la multitud, satisfecha, pagaba sus contorsiones con grandes risotadas.

Un nuevo grupo, cuyo disfraz consistía en mitras rojas y pantalones amarillos, salió del templo también con tambores y cascabeles. Se colocaron frente a los dioses, representando el poderío de más potencia cerca de la divinidad.

Finalmente, entraron en escena nuevas máscaras rojas y morenas que llevaban pintados tres ojos sobre el pecho. Con las precedentes, formaron dos hileras de bailarines que, al son de los tambores y de la música, ejecutaron una danza general: ya aproximándose, ya alejándose, girando por aquí en círculo y por allá formando una especie de columna, dos por dos. De cuando en cuando hacían reverencias a título de pausas.

Al poco rato, dioses, semidioses, reyes, hombres y espíritus se levantaron, y seguidos de todas las otras máscaras se dirigieron hacia la puerta principal del templo, por donde salieron con gran gravedad otros setenta disfrazados de esqueletos, obra de absoluta perfección. Todas estas salidas estaban perfectamente previstas y calculadas. Cada una de ellas tenía su sentido particular. El cortejo de los danzantes se detuvo para dar paso a los esqueletos, que se dirigieron a pasos contados hasta los mástiles; allí se detuvieron haciendo castañetear los pedazos de madera que les pendían de los lados, y cuyo sonido imitaba el crujido de las quijadas. Todavía dieron un par de vueltas alrededor de la escena, al compás de la marcha rítmica compuesta por los sones ininterrumpidos de los tambores; entonaron un canto religioso, removieron aún sus quijadas artificiales imitadas a la perfección, chasquearon fuertemente los dientes, ejecutaron algunas contorsiones penosas de ver y, finalmente, se detuvieron.

En aquel momento se apoderaron de la imagen del enemigo de los hombres, fabricada con una especie de pasta y colocada al pie de uno de los mástiles. La rompieron, y los ancianos que se hallaban entre los espectadores distribuyeron pedazos a los esqueletos, lo que significaba, al parecer, que se hallaban dispuestos a reunirse con ellos en el cementerio.

## Conversación con el jefe de los lamas

El jefe de los lamas se me acercó y me rogó que le acompañara a la terraza principal a beber con él el *tchang* de fiesta. Acepté gustoso tal invitación, porque me empezaba a marear todo aquel espectáculo al que acababa de asistir.

Después de haber atravesado el patio, subido una escalera llena de veletas piadosas y franqueado dos habitaciones donde se hallaba una cantidad considerable de imágenes de dioses, salí a la terraza, donde me senté en un banco, ante el venerable lama cuyos ojos chispeaban de regocijo.

Otros tres lamas trajeron cántaros con *tchang*, que vertieron en pequeñas tazas de cobre que ofrecieron al jefe de los lamas y después a mí y a los criados.

«¿Os ha satisfecho nuestra pequeña fiesta?», me preguntó el lama.

«La encuentro muy hermosa, y me hallo todavía bajo la impresión de lo que acabo de presenciar, pero os confieso que jamás hubiera sospechado que el budismo, en sus ceremonias religiosas, pudiera mostrarse bajo una forma exterior tan material, por no decir estruendosa.»

«No hay religión cuyas ceremonias se rodeen de formas más teatrales —respondió el lama—. Hay en ello un aspecto ritualista que no viola en modo alguno los principios fundamentales del budismo. Es un medio práctico para mantener a la multitud ignorante en la obediencia y en el amor del único Creador, de la misma manera que con un juguete se logra que un niño obedezca a sus padres. El pueblo, la masa ignorante, he aquí el niño del Padre.»

«Pero, ¿qué significan —le dije— todas esas máscaras, esos trajes, cascabeles, danzas y, de modo general, todo el espectáculo que parecía ejecutado de conformidad con un especial programa?»

«Nosotros tenemos muchas fiestas parecidas durante el año —me respondió el lama—, e invitamos a particulares para que representen misterios, que tienen gran analogía con las pantomimas, donde cada actor puede ejecutar, poco más o menos, todos los movimientos y gestos que le plazcan, ateniéndose, no obstante, a las circunstancias y sujetándose a una idea capital. Nuestros misterios no son sino pantomimas que deben mostrar a los dioses gozando de la veneración general; veneración que, en recompensa, debe otorgar al hombre el gozo del espíritu que llena simultáneamente la idea de la inevitable muerte y la de la vida futura. Los actores reciben los vestidos pertenecientes al convento y representan según las indicaciones generales que les dejan en plena libertad. El efecto producido es muy bello, ciertamente; pero es al pueblo a quien toca adivinar el significado de tal o cual acto. También vosotros recurrís algunas veces a tal procedimiento que, sin embargo, no altera en lo más mínimo el principio esencial del monoteísmo.»

«Dispensadme —le dije—, pero esta cantidad de ídolos que embarazan vuestros *gompas* es una flagrante violación de ese principio...»

«Como ya os he dicho —respondió el lama a mi interrupción— el hombre se halla y siempre se hallará en la infancia. Lo comprende todo, ve y siente la grandeza de la naturaleza; pero no ve ni adivina la inmensa alma que crea y anima todas las cosas. El hombre ha buscado siempre cosas tangibles, no le es posible creer largo tiempo en lo que escapa a sus sentidos materiales. Se las ha ingeniado para hallar el medio de contemplar al Creador y ha procurado relacionarse directamente con el que ha hecho tanto bien y asimismo tanto mal, como cree erróneamente. Por ello se ha dedicado a adorar cada parte de la naturaleza, de la cual recibe un beneficio. Vemos un ejemplo sorprendente con los antiguos egipcios que adoraban animales, árboles, piedras, vientos y lluvias. Otras naciones, sumidas aún más en la ignorancia, percatándose de que los resultados del viento no eran siempre benéficos y que la lluvia no traía inevitablemente una buena cosecha, y viendo que los animales se sublevaban al dominio de los hombres, se dedicaron a buscar intermediarios directos entre ellos mismos y la misteriosísima e insondable fuerza del Creador. Y así fabricaron ídolos que consideraron neutros para todo lo que les rodeaba y recurrieron a su mediación. Desde la más remota antigüedad y hasta nuestros días el hombre sólo se ha preocupado de la realidad tangible. En busca de la vía que debía conducirles a los pies del Creador, los asirios volvieron sus ojos hacia los astros que contemplaban sin poder alcanzarlos. Los guebros han conservado esta creencia hasta la actualidad. En su nulidad y ceguera de espíritu, los hombres son incapaces de concebir el vínculo invisible y espiritual que les une a la inmensa Divinidad; lo que explica el porqué han buscado objetos palpables que estuvieran bajo el dominio de los sentidos, y por eso se debilitaron en alto grado para con el principio divino. Con todo, nunca se han atrevido a atribuir una existencia divina y eterna a las imágenes visibles y salidas de sus manos. Podemos ver el mismo hecho en el brahmanismo, donde el hombre abandonado a su propensión por la forma exterior, ha creado paulatinamente, y no de una sola vez, un ejército de dioses y de semidioses. Quizás el pueblo israelita es el que ha demostrado de una manera más evidente el amor de un hombre hacia todo lo que es concreto, y a pesar de una serie de milagros ruidosos llevados a cabo por el gran Creador, que es el mismo para todos los pueblos, el pueblo de Israel no pudo sustraerse a fundir un dios de metal en el mismo instante en que su profeta Mossa (Moisés) conversaba con el Creador.

»El budismo ha experimentado las mismas modificaciones. Es nuestro gran reformador Sakiamuni, inspirado por el supremo Juez, quien comprendía verdaderamente la majestad una e indivisible de Brahma y que había hecho todos los esfuerzos para impedir que se confeccionaran imágenes que debían, parece, semejársele. Estaba abiertamente separada de los brahmanes politeístas y había predicado la pureza y la inmortalidad de Brahma. El éxito que ha hallado entre sus discípulos cerca del pueblo le ha valido ser perseguido por los brahmanes, quienes al crear nuevos dioses hallaron una fuente de ganancias personales, y que, desobedeciendo la ley de Dios, trataban al pueblo despóticamente. Nuestros primeros predicadores sagrados, a los cuales se les da el nombre de budas, que significa sabios y santos, porque el Gran Creador se encarnó en ellos, se establecieron en diferentes regiones del globo. Como sus sermones se inspiraban sobre todo en el espíritu de atacar la tiranía de los brahmanes y la explotación de la idea de Dios, que era para ellos un verdadero comercio, la casi totalidad de los budistas, es decir, los que han seguido la doctrina de los santos predicadores, se ha hallado en el bajo pueblo de la China y de la India. Entre estos sagrados predicadores se rodea de una especial veneración el buda Sakiamuni, conocido en China bajo el nombre de "Fo", quien vivió hace ya también unos dos mil quinientos años, y quien convirtió casi a la mitad de los hindúes a la palabra de Dios impersonal, invisible y solo de su especie.

»Divídese el budismo en muchas sectas, que difieren unas de otras únicamente por ciertas ceremonias religiosas; pero siendo por doquier iguales en su fondo. Los budistas tibetanos, a los cuales se les da el nombre de lamaístas, se separaron de los foístas hace ya mil quinientos años. Hasta entonces nosotros habíamos formado parte de los adoradores del buda Fo Sakiemuni, que fue el primero que cumplió todas las leyes dictadas por los diversos budas, cuando se produjo el gran cisma en el seno del brahmanismo. Mas después, un monje mongol tradujo al chino los libros del gran Buda, que fue a quien el Emperador de la China recompensó concediéndole el título de "Go-Chi" (preceptor del rey), y después de su muerte tal título de "Go-Chi" se dio al Dalai-Lama del Tibet. Transcurrida dicha época, todos los titulares de tal cargo han llevado el título de "Go-Chi", y nuestra religión se ha denominado lamaísta y admite monjes rojos y monjes amarillos. Aquéllos pueden casarse y reconocen la autoridad del Bantsine, que reside en Techow y es el jefe de la administración civil del Tibet. Nosotros, lamas amarillos, hemos pronunciado el voto del celibato y nuestro jefe directo es el Dalai-Lama. He aquí la diferencia que separa a las dos órdenes religiosas, cuyo ritual es idéntico.»

«¿Organizan todos ellos misterios parecidos a los que acabo de asistir?»

«Sí, con pocas excepciones. Tiempo atrás estas fiestas se revestían con una pompa solemnísima; pero después de la conquista del Ladagh nuestros conventos han sido más de una vez presa del pillaje y robadas nuestras riquezas. Ahora nos contentamos con vestidos blancos y utensilios de bronce, mientras que en el mismo Tibet no se ve más que oro y tisús, de oro también.»


## Investigación sobre «Issa»

«En una reciente visita que hice a un *gompa*, uno de los lamas me habló de un profeta, o un buda, como lo llamáis, denominado Issa. ¿Podríais decirme algo acerca de su existencia?», pregunté a mi interlocutor aprovechando un momento favorable para abordar el objeto sobre el cual yo tenía tan vivo interés.

«El nombre de Issa es muy respetado entre los budistas —me contestó—, pero es únicamente conocido de los lamas-jefes, que han leído los libros relacionados con su vida. Han existido una infinidad de budas parecidos a "Issa"; los 84.000 rollos que existen rebosan en detalles sobre cada uno de los mismos; pero muy pocos han leído la centésima parte. Para obrar de acuerdo con la costumbre establecida, cada discípulo o lama que ha visitado Lasa nunca deja de regalar una o varias copias al convento a que pertenece; nuestra *gompa*, entre otras, posee un gran número de ellas.

»Hará unos tres mil años que el gran Buda se encarnó en el célebre príncipe Sakiamuni, sosteniendo y propagando en él las doctrinas de sus veinte encarnaciones. Hace dos mil quinientos años, la inmensa alma del mundo se encarnó de nuevo en Gotama, echando los cimientos de un nuevo mundo en Birmania, en Siam y en diversas islas. Poco después, el budismo comenzó a penetrar en la China gracias a la perseverancia de los prudentes que se dedicaron a propagar la santa doctrina, y bajo "Ming-Ti" de la dinastía Honi, hacia el 2050, la doctrina de Sukiamuni recibió la adopción del pueblo. Simultáneamente a la aparición del budismo en China, la doctrina comenzó a difundirse entre los israelitas. Hará aproximadamente dos mil años, el Ser perfecto, quebrantando otra vez su inacción, se encarnó en el recién nacido de una familia pobre; quería que una boca infantil, empleando imágenes populares, adoctrinara a los infelices sobre la vida de ultratumba y condujera a los hombres hacia la senda de la verdad, indicándoles, con su propio ejemplo, el camino que mejor podría conducirles a la pureza moral original. Tan pronto como el sagrado niño alcanzó cierta edad, se le condujo a la India, donde, hasta la edad de hombre, estudió todas las leyes del gran Buda que reside eternamente en el Cielo.»

«¿En qué idioma están redactados los principales rollos relativos a la vida de Issa?», dije yo, disponiéndome a levantarme, porque mi interlocutor, tan interesante para mí, se resentía un tanto de fatiga y acababa de hacer girar una pequeña veleta piadosa para poner fin a nuestra conversación.

«Rollos traídos de la India a Nepal y de Nepal al Tibet relativos a la existencia de Issa, están escritos en la lengua *pali* y se hallan actualmente en Lasa; pero nosotros poseemos una copia en nuestra lengua, quiero decir, la tibetana.»

«¿Cómo se considera a "Issa en" el Tibet?»

«El pueblo ignora hasta la existencia del mismo; tan sólo los grandes lamas son los que lo conocen, por haberse dedicado al estudio de los rollos que relatan su vida. Pero como su doctrina no constituye una parte canónica del budismo, y como los adoradores de "Issa" no reconocen la autoridad del Dalai-Lama, en el Tibet no reconocen al profeta "Issa", lo mismo que a muchos semejantes suyos, como a uno de sus principales santos.»

«¿Cometeríais un pecado si proporcionáseis tales copias a un extranjero?», le pregunté.

«Lo que pertenece a Dios —me respondió— es de pertenencia también de los hombres. Nuestro deber nos obliga a prestarnos de buena gana y voluntad a la propagación de su doctrina; pero, yo ignoro dónde se hallan esos papeles. Si visitáis alguna vez nuestra *gompa* tendré satisfacción en mostrároslos.»

En ese momento entraron dos monjes; pronunciaron algunas palabras ininteligibles para mí y se marcharon.

«Me llaman para los sacrificios. Servíos excusarme», me dijo el lama, quien después de un saludo se dirigió hacia la puerta y desapareció.

Lo mejor que podía hacer entonces era retirarme e irme a dormir al cuarto que se me había destinado. Y allí fue donde pasé toda la noche, después de haber bebido leche y tomado algún alimento.

Al día siguiente por la tarde llegaba a Leh reflexionando sobre los medios que podrían permitirme volver de nuevo al convento.

Dos días después, por un expreso, remití al jefe de los lamas un obsequio, que consistía en un despertador, un reloj y un termómetro, haciéndole saber que antes de abandonar el Ladagh volvería, probablemente, al convento, con la esperanza de que no se negaría a mostrarme el libro que había sido objeto de nuestra conversación.

Había yo proyectado acercarme a Cachemira y volver a salir algún tiempo después hacia Himis; pero la suerte lo decidió de otra manera. Pasando ante una montaña en cuya cima se alza la *gompa* de Piatak, dio mi caballo un paso en falso y caí al suelo tan desgraciadamente que me fracturé la pierna derecha debajo de la rodilla. Me era imposible continuar el viaje; no tenía deseo alguno de regresar a Leh y la perspectiva de solicitar hospitalidad en la *gompa* de Piatak y de permanecer en tal convento, no podía complacerme en modo alguno. Ordené, por tanto, que se me transportara a Himis donde, al paso, podría llegar al cabo de media jornada. Me curaron la pierna herida, operación que me causó intolerables sufrimientos; me subieron a la silla de montar, y un mandadero me sostenía la pierna enferma, mientras que otro conducía mi caballo por la brida. Franqueamos el umbral de las puertas de Himis a una hora muy avanzada de la noche. Sabedores de mi accidente, todos los habitantes encerrados en sus viviendas salieron a recibirme, y me transportaron, con un lujo de precauciones extraordinario, a una de sus mejores habitaciones. Me tendieron sobre una verdadera montaña de objetos blandos, y colocaron una veleta piadosa cerca de aquel improvisado lecho. Y todo esto tenía efecto bajo la vigilancia directa de su superior, quien estrechó afectuosamente la mano que le tendí para mostrarle mi agradecimiento a su bondad.

Por la mañana, yo mismo rodeaba mi parte enferma con pequeñas planchas oblongas que uní entre sí con cordelitos. Me esforcé en no hacer movimientos superfluos, y el favorable resultado no se hizo esperar, ya que dos días después me hallaba ya en estado de abandonar la *gompa* y dirigirme lentamente a la India en busca de un médico.

En tanto que un joven hacía girar la rueda de plegarias que permanecía cerca de mi cama, un venerable anciano que dirigía la *gompa* me entretenía con relatos muy interesantes, y me mostraba frecuentemente, sacándolo del estuche, mi despertador, preguntándome sobre la manera de ponerlo en marcha y el uso del mismo. Accediendo por fin a mis vivas y repetidas instancias, acabó por traerme dos grandes libros acartonados cuyas páginas eran de papel amarilleado por los años. Me leyó entonces la biografía de «Issa», que anoté cuidadosamente en mi carnet de viaje, según la traducción que me hacía un intérprete. Ese curioso documento está redactado en forma de versículos aislados que, frecuentemente, no ligan unos con otros.

Al tercer día mi salud mejoró de tal suerte que me permitió continuar viaje. Después de haberme cuidado la pierna, retrocedí dirigiéndome a la India, a través de Cachemira. Fueron veinte días de viaje lento, lleno de intolerables sufrimientos; pero gracias a una litera que un francés, monsieur Peicheau, me envió galantemente (y aprovecho aquí la ocasión para mostrarle mi gratitud por su gentil hospitalidad), y a un ayudante del gran Visir del Maharadja de Cachemira que ordenó a las autoridades que me proporcionaran recaderos, pude dejar Srinagar, de donde salí prontamente, deseando llegar a la India antes de las primeras nevadas.

En Muré hallé a otro francés, el simpático conde André de Saint-Phall, que viajaba por placer a través del Indostán. Durante todo el recorrido que hicimos conjuntamente hasta Bombay, el joven conde se mostró lleno de solicitud hacia mí, ya que mi pierna fracturada y la fiebre que me consumía me aquejaban con agudísimos dolores. Le guardo un sincero reconocimiento y jamás olvidaré los cuidados amistosos que me prodigaron, cuando llegué a Bombay, el marqués de Morés, el vizconde de Breteuil, monsieur Monod, del Comptoir D'Escompte, monsieur Moet, gerente del Consulado y todos los franceses de la muy simpática colonia francesa.

Hacía largo tiempo que maduraba el proyecto de publicar las Memorias sobre *la vida de Jesucristo*, que había hallado en Himis, de lo que he hablado antes, pero todo tipo de quehaceres me absorbieron por completo el tiempo.

Después de haber pasado largas noches en vela para coordinar todas mis notas, luego de haber agrupado los versículos conforme a la marcha del relato, y de haber impreso a toda la obra un carácter de unidad, es hoy que me resuelvo a dar a la luz la curiosa «copia».

Segunda Parte

# LA VIDA DEL SANTO ISSA

# I

1. La Tierra se ha estremecido y los cielos han llorado, a causa del gran crimen que acaba de cometerse en el país de Israel.

2. Porque allí se ha torturado y ejecutado al gran justo «Issa», en quien residía el alma del universo.

3. Cuya alma se había encarnado en un simple mortal, a fin de favorecer a los hombres y exterminar los malos designios.

4. Y con el fin de reconducir a la vía de la paz, del amor y del bien, al hombre degradado por los pecados y para recordarle el único e indivisible Creador, cuya misericordia es infinita y sin límites.

5. He aquí lo que, a dicho propósito, relatan mercaderes llegados de Israel.

# II

1. El pueblo de Israel, que habitaba un suelo muy fértil, que producía dos cosechas anuales y poseía numerosos rebaños, excitó, por sus pecados, la cólera de Dios.

2. Al cual impuso un terrible castigo despojándolo de su tierra, de las bestias y toda su fortuna; fue, Israel, reducido a la esclavitud por faraones poderosos y ricos, que a la sazón reinaban en Egipto.

3. Éstos trataban a los israelitas peor que a animales: les imponían trabajos difíciles, les encarcelaban y encadenaban y cubrían sus cuerpos de heridas y llagas, sin darles alimento y sin permitirles morar bajo techo.

4. Para mantenerles en un estado constante de terror y despojarlos de todo parecido humano.

5. Y en tal y tan inmensa calamidad, el pueblo de Israel, acordándose de su celeste protector, dirigióse a él e imploró su gracia y su misericordia.

6. Reinaba entonces en Egipto un ilustre Faraón que se hizo célebre por sus numerosas victorias, las riquezas que había acumulado y los vastos palacios que sus esclavos le habían erigido con sus propias manos.

7. Dicho Faraón tenía dos hijos, de los cuales el segundo se llamaba Mossa; a quien sabios israelitas le enseñaban diversas ciencias.

8. Y, en Egipto, Mossa era muy estimado por su innata bondad y por la compasión que testimoniaba a todos cuantos sufrían.

9. Y vieron que los israelitas, a pesar de los intolerables sufrimientos que padecían, no querían abandonar a su Dios para adorar a los que había fabricado la mano del hombre y que eran los dioses de la nación egipcia.

10. Mossa creyó en su dios invisible que no dejaba rendir sus fuerzas debilitadas.

11. Y los preceptores israelitas animaban el ardor de Mossa y recurrían a él, rogándole intercediera ante el Faraón, su padre, en favor de sus desgraciados correligionarios.

12. El príncipe Mossa fue a suplicar a su padre que endulzara la suerte de los infelices; pero el Faraón se enojó contra él y aumentó todavía más los tormentos que padecían sus esclavos.

13. Y aconteció, poco tiempo después, que sobrevino una gran desgracia en Egipto: vino la peste diezmando allí a jóvenes y ancianos, sanos y enfermos, y el Faraón creyó que era debido a un resentimiento de sus propios dioses contra él.

14. Pero el príncipe Mossa dijo a su padre que era el Dios de sus esclavos quien intercedía en favor de tales desdichados y castigaba a los egipcios.

15. Entonces, el Faraón intimó a Mossa, su hijo, la orden de llevarse consigo a todos los esclavos de raza judía, conducirles fuera de la ciudad y fundar, a una gran distancia de la capital, otra ciudad donde él viviría con ellos.

16. Mossa comunicó a los esclavos hebreos que él les había libertado en nombre de su Dios, el Dios de Israel, y salió con ellos de la ciudad y de la tierra de Egipto.

17 Les condujo, pues, a la tierra que ellos habían perdido por sus excesivos pecados; les dictó leyes y les recomendó rogar siempre al Creador invisible cuya bondad es infinita.

18. A la muerte del príncipe Mossa, los israelitas observaron rigurosamente sus leyes, y por ello Dios,

también, les resarció de los males a los cuales habían estado expuestos en Egipto.

19. Y su reino llegó a ser el más poderoso de toda la Tierra: sus reyes hiciéronse célebres por sus tesoros y reinó una larga paz en el pueblo de Israel.

# III

1. La gloria de las riquezas de Israel se difundió por toda la Tierra y las naciones vecinas sintieron envidia.

2. Pero el Altísimo condujo, él mismo, las armas victoriosas de los hebreos, y los paganos no se atrevieron a atacarles.

3. Desgraciadamente, como el nombre no se conduce siempre bien para consigo mismo, no duró largo tiempo la fidelidad de los israelitas a su Dios.

4. Comenzaron por olvidar todos los favores con que les había colmado, no invocaban más que muy raramente su nombre y solicitaron la protección de magos y hechiceros.

5. Los reyes y los capitanes sustituyeron con sus propias leyes a las que Mossa les había dictado; el templo de Dios y las prácticas de culto fueron abandonados; y el pueblo se entregó a los placeres, y perdió su pureza original.

6. Habían ya transcurrido muchos siglos después de su salida de Egipto, cuando Dios pensó nuevamente en ejecutar sus castigos contra ellos.

7. Los extranjeros empezaron a invadir el país de Israel, devastando las tierras, demoliendo las ciudades y conduciendo a los habitantes en cautiverio.

8. En cierta ocasión, llegaron unos paganos de la otra parte de los mares, del país de los romanos; sometieron a los hebreos e instituyeron jefes de ejército que, por delegación del César, les gobernaron.

9. Fueron destruidos los templos; se obligó a los

habitantes a no adorar más al Dios invisible y a sacrificar víctimas a los dioses paganos.

10. A los que fueron nobles, se les convirtió en guerreros; las mujeres fueron arrebatadas a sus esposos y el bajo pueblo, reducido a esclavitud, fue enviado, por miles de miles, más allá de los mares.

11. En cuanto a los niños, los traspasaban a filo de espada, y al poco tiempo, en todo el pueblo de Israel no se percibía más que gemidos y sollozos.

12. En tal extrema angustia, los habitantes se acordaron de su gran Dios, imploraron su gracia y le suplicaron el perdón. Nuestro Padre, en su bondad inagotable, oyó su plegaria.

# IV

1. En aquel tiempo, llegó el instante en que el Juez, lleno de clemencia, había decidido encarnarse en un ser humano.

2. Y el eterno Espíritu, que subsistía en un estado de completa inacción y de suprema beatitud, se despertó y desgajóse, por un período indeterminado, del eterno Ser.

3. Con el fin de mostrar, revistiendo una imagen humana, los medios de identificarse con la Divinidad y de lograr la felicidad eterna.

4. Y para demostrar, con su ejemplo, cómo puede alcanzarse la pureza moral y separar el alma de su grosera envoltura; a fin de que pudiera obtener la perfección que le era necesaria para alcanzar el reino de los cielos, que es inmutable y donde reina la eterna felicidad.

5. Después, nació una criatura maravillosa en la tierra de Israel; el mismo Dios, por boca de ese niño, hablaba de las miserias corporales y de la grandeza del espíritu.

6. Los padres del recién nacido eran gente pobre, que pertenecían por nacimiento a una familia de piedad insigne, que ponía en olvido su antigua grandeza sobre la Tierra para loar el nombre del Creador y agradecerle los infortunios con que se complacía para ponerles a prueba.

7. Para recompensarla por no haberse desviado de la senda de la verdad, Dios bendijo al primogénito de

dicha familia; le escogió por su elegido y le envió a levantar a los que habían caído en el mal y a sanar a todos cuantos sufrían.

8. El divino niño, a quien se le puso el nombre de Issa, empezó desde sus más tiernos años a hablar del Dios único e indivisible, exhortando a las almas descarriadas a arrepentirse y a purificarse de los pecados, por los cuales habían incurrido en culpabilidad.

9. De todas partes acudían para oírle, y se maravillaban de las palabras que vertía su boca infantil. Y todos los israelitas convinieron en que el Espíritu eterno habitaba en aquel niño.

10. Tan pronto como «Issa» alcanzó la edad de trece años, época en que un israelita debe tomar esposa.

11. La casa donde sus padres se ganaban la subsistencia, mediante un modesto trabajo, comenzó a ser un lugar de reunión para las gentes ricas y nobles, que deseaban tener por yerno al joven Issa, ya célebre por sus edificantes discursos en nombre del Todopoderoso.

12. Y entonces fue cuando Issa abandonó clandestinamente la casa paterna; salió de Jerusalén y, en compañía de unos mercaderes, se dirigió hacia el Sindh.

13. Con el fin de perfeccionarse en la palabra divina y estudiar las leyes de los grandes budas.

# V

1. Al cumplir los catorce años, el joven Issa, bendecido por Dios, vino a esta parte del Sindh y se estableció entre los Aryas, en el país amado de Dios.

2. La fama difundió el nombre del maravilloso niño a lo largo del Sindh septentrional, y al atravesar el país de los cinco ríos y el Radjptana, los fervientes judíos del dios Jaina le rogaron permaneciera entre ellos.

3. Pero él abandonó a los admiradores extraviados de Jaina y marchó a Djagguernat, en la comarca de Orsis, donde reposan los restos mortales de Viassa-Krishna y donde los sacerdotes blancos de Brahma le dispensaron una fausta acogida.

4. Ellos le enseñaron a leer y comprender los Vedas, a curar con la ayuda de plegarias, a doctrinar y explicar la Santa Escritura al pueblo, lanzar el maligno espíritu del cuerpo del hombre y a restituirle la imagen humana.

5. Permaneció seis años entre Djaggernat, Radjagriha, Benarés y otras ciudades santas, y todo el mundo le amaba, porque Issa vivía en paz con los Vasyas y los Sudras, a quienes adoctrinaba en la Escritura Santa.

6. Pero los Brahmanes y los Chatrias le dijeron que el gran Para-Brahma les prohibía acercarse a aquellos que él había creado de su vientre y de sus pies.

7. Que los Vasyas no estaban autorizados más que para oír la lectura de los Vedas y esto, únicamente en los días festivos.

8. Que estaba prohibido a los Sudras, no tan sólo asistir a la lectura de Vedas, sino hasta el contemplarlos; porque su condición era la de servir a perpetuidad y como esclavos a los Brahmanes, los Chatrias y a los mismos Vasyas.

9. «Únicamente la muerte puede liberarles de la servidumbre», ha dicho Para-Brahma. «Abandónales, pues, y ven con nosotros a adorar a los dioses que se irritarán contra ti, si les desobedeces».

10. Pero Issa no dio oído a sus palabras y se fue a los Sudras predicando contra los Brahmanes y los Chatrias.

11. Se alzó enérgicamente contra el hecho que se arroga el hombre de despojar a sus semejantes de sus derechos humanos; y en efecto, decía él: «Dios, el Padre, no estableció diferencia alguna entre sus hijos, quienes, todos, le son queridos por un igual».

12. Negó, Issa, el origen divino de los Vedas y de los Puranas; porque, enseñaba a los que le seguían, una ley se dio al hombre para guiarle en sus acciones.

13. «Teme a tu Dios; no hinques las rodillas más que ante Él y a Él, tan sólo, aporta las ofrendas que dimanen de tu trabajo.»

14. Issa negó la Trimurti y la encarnación de Para-Brahma en Visnú, Siva y otros dioses; porque él decía:

15. «El Juez eterno, el absoluto Espíritu componen el alma única e indivisible del universo; y ella sola, creada, contiene y vivifica el todo.»

16. «No hay más que sólo quien Él haya querido y creado; únicamente Él, que existe desde la eternidad y cuya existencia no tendrá fin, y no existen semejantes suyos ni en los cielos, ni sobre la Tierra.»

17. «El gran Creador no ha compartido su poder con nadie, en absoluto, y mucho menos con objetos inanimados, como os lo han enseñado, porque solamente es Él quien posee la omnipotencia.»

18. «Él quiso, y el mundo apareció. Por un designio divino, reunió las aguas y disgregó de ellas la parte

sólida del globo. Es Él la causa de la vida misteriosa del hombre, a quien infundió una parte de su ser.»

19. «Y ha subordinado al hombre las tierras, las aguas, los animales y todo cuanto ha creado y que Él mismo conserva en un orden inmutable, fijando a cada cosa su respectiva duración.»

20. «La cólera de Dios se desencadenará dentro de poco sobre el hombre, porque éste ha puesto en olvido a su Creador, ha llenado sus templos de abominaciones, y adora a una multitud de criaturas que Dios le subordinó.»

21. «Ya que para complacer a las piedras y a los metales, sacrifica seres humanos en quienes reside una parte del Altísimo.»

22. «Porque humilla a los que trabajan con sudor de sus frentes, para obtener el favoritismo de un holgazán, sentado a la mesa provista suntuosamente.»

23. «Los que privan a sus hermanos de la felicidad divina, ellos se verán de la misma privados, y los Brahmanes y los Chatrias se convertirán en Sudras de los Sudras con quienes el Eterno se hallará eternamente.»

24. «Porque en el día del juicio final, los Sudras y los Vasyas serán perdonados a causa de su ignorancia y, por el contrario, Dios descargará su enojo sobre aquellos que se habrían arrogado sus derechos.»

25. Los Vasyas y los Sudras se admiraron profundamente y preguntaron a Issa cómo les era necesario rogar para no perder su felicidad.

26. «No adoréis a los ídolos, porque éstos no os oyen, no oigáis a los Vedas, donde la verdad se halla adulterada; no os consideréis los mejores; y no humilléis a vuestro prójimo.»

27. «Ayudad a los pobres, sostened a los débiles; no hagáis nunca mal a quienquiera que sea; no codiciéis lo que no poseáis, ni lo que sea de ajena propiedad.»

# VI

1. Los sacerdotes blancos y los guerreros, enterados de las palabras que Issa dirigía a los Sudras, resolvieron darle muerte y, a dicho efecto, enviaron a sus criados en busca del joven profeta.

2. Pero, advertido del peligro, abandonó de noche las cercanías de Djagguernat, cruzó la montaña y fijó su residencia en el país de los gautamidas, donde vio la luz el gran buda Sakiamuni, en medio del pueblo que adoraba al único y sublime Brahma.

3. Después de haber aprendido correctamente la lengua pali, el justo Issa se dedicó al estudio de los rollos sagrados de los Sudras.

4. Seis años después, Issa, a quien el Buda había elegido para difundir su palabra santa, sabía explicar perfectamente los sagrados rollos.

5. Entonces abandonó Nepal y los montes Himalaya; descendió al valle de Radjputana y se dirigió hacia el Oeste predicando a diversos pueblos la suprema perfección que puede alcanzar el hombre.

6. Y el bien que es necesario hacer al prójimo, que es el medio más seguro para ser rápidamente absorbido en el Eterno Espíritu. «Aquel que hubiera recuperado su pureza primitiva —decía Issa—, morirá habiendo obtenido la remisión de sus faltas y el derecho de contemplar la majestuosa figura de Dios».

7. Atravesando territorios paganos, el divino Issa enseñó que la adoración de dioses visibles era contraria a la ley natural.

8. «Porque al hombre —decía— nunca le ha sido otorgada la facultad de ver la imagen de Dios y de construir una infinidad de divinidades a semejanza del Eterno.»

9. «Es, además, incompatible con la humana conciencia el hacer menos caso de la majestad de la pureza divina que de los animales, o de obras ejecutadas por mano de hombre, en piedra o en metal.»

10. «El Eterno legislador es uno; no hay más dioses que Él y Él no ha compartido el mundo con nadie, ni ha revelado a persona alguna sus propósitos.»

11. «Del mismo modo que un padre obraría para con sus hijos, así juzgará Dios a los hombres después de su muerte, según sus leyes misericordiosas; jamás humillará a su hijo haciendo emigrar su alma, como en un purgatorio, dentro del cuerpo de una bestia.»

12. «La ley celestial —decía el Creador, por boca de Issa— repudia la inmolación de sacrificios humanos a una estatua o a un animal; porque, Yo he sacrificado al hombre todos los animales y todo cuanto encierra el mundo.»

13. «Todo ha sido dado al hombre, quien se halla directa e íntimamente ligado a Mí, su Padre; y así aquel que me haya arrebatado a Mi Hijo, será severamente juzgado y castigado por la divina ley.»

14. «El hombre no es nada ante el Juez eterno, del mismo modo que el animal no es nada ante el hombre.»

15. «Por ello os digo: abandonad vuestros ídolos, y no celebréis ceremonias que os alejan de vuestro padre y os ligan a sacerdotes que se han enemistado con el Cielo.»

16. «Porque ellos son quienes os han apartado del verdadero Dios, y cuyas supersticiones y crueldad os conducen a la perversión del espíritu y a la pérdida de todo el sentido moral.»

# VII

1. Las palabras de Issa se difundieron entre los paganos a través de los países que recorría, y los habitantes desamparaban a sus ídolos.

2. Viéndolo así, los sacerdotes exigieron de aquel que glorificaba el nombre del Dios verdadero las pruebas, en presencia del pueblo, de las censuras que les infligía, y la demostración de la nulidad de los ídolos.

3. Y les respondió Issa: «Si vuestros ídolos y los animales vuestros son poderosos y poseen en realidad un poder sobrenatural, ¡sea!, que me derriben súbitamente».

4. «Verificad, pues, un milagro —le replicaron los sacerdotes—, y que tu Dios confunda a los nuestros, si es que le inspiran aversión.»

5. Pero, entonces, dijo Issa: «Los milagros de nuestro Dios han empezado a producirse desde el primer día en que se creó el universo; han tenido efecto día a día, a cada instante, y quienquiera que no los vea se halla privado de uno de los más hermosos dones de la vida.»

6. «Y no será precisamente contra pedazos de piedra, metal o de madera, completamente inanimados, que tendrá libre curso la cólera de Dios; pero, sí se desplomará sobre los hombres, a quienes él necesitará, para otorgarles la salud, destruir a todos los ídolos que han confeccionado».

7. «Que así como una piedra y un grano de arena, nulos como son con relación al hombre, aguardan con

resignación el momento en que éste los coja para hacer con ellos algo útil.»

8. «También así debe el hombre esperar el gran favor que Dios le concederá al glorificarle con una decisión.»

9. «Pero, ¡ay de vosotros!, adversarios de los hombres, si no es un favor el que aguardáis, sino antes bien el enojo de la Divinidad. Infelices, si esperáis que atestigue su poderío por medio de milagro.»

10. «Porque no serán ídolos los que aniquilará en su cólera, sino a quienes los habrán erigido; sus corazones serán presa de un fuego eterno y sus lacerados cuerpos servirán de pasto al apetito de las fieras.»

11. «Dios arrojará de los rebaños a los animales contaminados; pero acogerá a aquellos que se habrán extraviado por haber desconocido la partícula celestial que residía en ellos.»

12. Los paganos, al ver la impotencia de sus sacerdotes, acrecentaron su fe en las palabras de Issa, y temiendo el enojo de la Divinidad, despedazaron sus ídolos; en cuanto a los sacerdotes, éstos huyeron para escapar de la venganza popular.

13. Y, además, enseñó Issa a los paganos a no esforzarse en ver con sus ojos al eterno Espíritu, sino a sentirle dentro de sus corazones y, con el alma verdaderamente pura, hacerse dignos de sus favores.

14. «No sólo —les decía— no consuméis sacrificios humanos, sino que, en general, no inmoléis ningún animal a quien se le ha concedido la vida, porque todo lo creado lo ha sido en provecho del hombre.»

15. «No hurtéis los bienes ajenos, porque sería despojar al prójimo de lo que adquirió con el sudor de su frente.»

16. «No engañéis a nadie, a fin de no engañaros vosotros mismos; procurad justificaros antes del juicio final, porque entonces sería demasiado tarde.»

17. «No os entreguéis a la vida disoluta, porque es violar las leyes de Dios.»

18. «Alcanzaréis la beatitud suprema, no sólo purificándoos vosotros mismos sino, también, guiando a los otros hacia la vía que les permitirá conquistar la primitiva perfección.»

# VIII

1. Los países vecinos se llenaron de la fama de las predicaciones de Issa, y cuando él entró en Persia, los sacerdotes se atemorizaron y prohibieron a sus habitantes que le escucharan.

2. Pero en cuanto vieron que todos los pueblos le acogían con júbilo y escuchaban religiosamente sus sermones, dieron orden de detenerle y le hicieron conducir a presencia del sumo sacerdote, donde sufrió el interrogatorio siguiente:

3. «¿Sobre qué nuevo Dios estás predicando? ¿Acaso ignoras, desgraciado, que el santo Zoroastro es el único justo admitido en el honor de recibir las comuniones del Ser Supremo?»

4. «¿Quién ha ordenado a los ángeles redactar por escrito la palabra de Dios para uso de su pueblo; leyes que se han dado a Zoroastro en el paraíso?»

5. «¿Quién, pues, eres tú para atreverte aquí a blasfemar de nuestro Dios y sembrar la duda en el corazón de los creyentes?»

6. Y les dijo Issa: «No es de un nuevo Dios de quien yo hablo, sino de nuestro Padre celestial que ha existido antes de todo principio y subsistirá todavía después del eterno fin.»

7. «De Él es de quien yo he hablado al pueblo; quien, al igual que un niño inocente, no se halla todavía en estado de comprender a Dios por el solo medio de su inteligencia, y de penetrar en la sublimidad suya divina y espiritual.»

8. «Pero, así como el recién nacido reconoce en la oscuridad el materno pecho, igualmente vuestro pueblo, que vuestra errónea doctrina y vuestras ceremonias religiosas inducen a la falsedad, ha reconocido por instinto a su Padre en el Padre cuyo profeta soy yo.»

9. «El Eterno Ser dice a vuestro pueblo, por mediación de mi boca: "No adoraréis al Sol, porque éste no es más que una parte del mundo que yo he creado para el hombre".»

10. «El Sol se alza a fin de calentaros durante vuestro trabajo, y se pone para concederos el reposo que yo mismo he prefijado.»

11. «Es a mí, Dios, y a mí únicamente, de quien sois deudores de todo cuanto poseéis: lo que se halla a vuestro alrededor, tanto por encima como por debajo.»

12. «Pero —interpelaron los sacerdotes—, ¿cómo puede vivir un pueblo conforme a las leyes de la justicia si no tiene preceptores?»

13. Dijo entonces Issa: «En tanto que los pueblos no tuvieron sacerdotes, la ley natural los gobernó y conservaron el candor de sus almas.»

14. «Sus almas reposaban en Dios, y para relacionarse con el padre, no se recurría a la mediación de ningún ídolo o de animal alguno, ni al fuego, como así lo practicáis aquí.»

15. «Pretendéis, vosotros, que es menester adorar al Sol, al genio del Bien y del Mal. ¡Sea!; pero os digo, que vuestra doctrina es detestable, el Sol no actúa espontáneamente sino por la voluntad del Creador invisible que le dio origen.»

16. «Y que ha querido que ese astro iluminara el día y vivificara así el trabajo como el cuerpo del hombre.»

17. «El Espíritu eterno es el alma de todo lo que anima, y cometéis un grave pecado fraccionándolo en el espíritu del Mal y el espíritu del Bien, porque no existe Dios fuera del Bien.»

18. «Quien, a semejanza de un padre de familia, no

prodiga más que el bien a sus hijos, a quienes dispensa todas sus faltas si se arrepienten.»

19. «Y el Espíritu del mal habita sobre la Tierra, dentro del corazón de los hombres que desvían a los hijos de Dios del recto sendero.»

20. «Por lo tanto yo os digo: temed el día del juicio, porque Dios castigará terriblemente a todos los que han obligado a sus hijos a apartarse de la verdadera luz, y les han llenado de supersticiones y prejuicios.»

21. «Aquellos que han cegado a los videntes, contagiado a los santos y enseñado el culto de las cosas que Dios ha sometido al hombre para su propio bien y ayudarle en sus trabajos.»

22. «Vuestra doctrina es, por tanto, el fruto de vuestros errores: porque deseando aproximaros al Dios de la Verdad, os habéis creado falsos dioses.»

23. Después de haberle oído, los magos decidieron no hacerle, ellos, daño directo. Por la noche, cuando toda la ciudad se hallaba en descanso, le condujeron fuera y le abandonaron en medio del camino, esperando que fuera pasto de los animales salvajes.

24. Pero, protegido por el Señor nuestro Dios, el santo Issa continuó su ruta sin accidente alguno.

# IX

1. Issa, a quien el Creador había elegido para recordar el verdadero Dios a los humanos sumergidos en la depravación, tenía veintinueve años cuando volvió a pisar la tierra de Israel.

2. Desde la partida de Issa, los paganos habían sobrecargado de sufrimientos aún más atroces a los israelitas y éstos eran presa del mayor desaliento.

3. Muchos de entre ellos habían comenzado a abandonar el cumplimiento de las leyes de su Dios y las de Mossa, con la esperanza de agradar a sus feroces conquistadores.

4. Ante tal situación, Issa exhortó a sus compatriotas a no desesperar, porque se aproximaba el día de la redención de los pecados, y confirmó, sobre él, la fe que ellos poseían en el Dios de sus padres.

5. «Hijos, ¡no os abandonéis a la desesperación —decía el Padre Celestial por boca de Issa—, porque he oído vuestra voz, y vuestro llanto ha llegado a Mí!»

6. No lloréis más, ¡oh, mis bienamados!, porque vuestros sollozos han enternecido el corazón de vuestro Padre y os ha perdonado como otorgó el perdón a vuestros antepasados.»

7. «No abandonéis a vuestra familia para sumergiros en la crápula; no perdáis la nobleza de vuestros sentimientos y en modo alguno adoréis a los ídolos, que permanecerán sordos a vuestra voz.»

8. «Llenad mi templo con vuestra esperanza y vuestra paciencia; y nunca abjuréis de la religión de vues-

tros padres, porque únicamente Yo he sido quien les ha guiado y colmado de beneficios.»

9. «Levantaréis a los caídos; daréis de comer a los hambrientos e iréis en auxilio de los enfermos, a fin de ser todos puros y justos en el día del juicio final que Yo os preparo.»

10. Los israelitas acudían en tropel a escuchar la palabra de Issa y le preguntaban dónde debían orar al Padre Celestial ya que los enemigos habían arrasado sus templos y tendido sus manos profanas sobre sus vasos sagrados.

11. Issa les respondió que Dios no tenía en cuenta los templos edificados por mano del hombre, sino los corazones humanos, que son el verdadero templo de Dios.

12. «Entrad en vuestro templo, dentro de vuestro corazón; iluminadlo con vuestros pensamientos, con la paciencia y con la inquebrantable confianza que debéis tener en vuestro Padre.»

13. «Y vuestros vasos sagrados serán vuestras manos y vuestros ojos. Mirad y haced lo que es agradable a Dios, porque ejercitando el bien para el prójimo cumplimentaréis una ceremonia que embellece el templo donde mora Aquel que os concedió el día.»

14. «Porque Dios os ha creado a su semejanza: inocentes, el alma pura, el corazón saturado de bondad y destinado no a concebir proyectos ruines, sino para ser el santuario del amor y de la justicia.»

15. «No mancilléis, pues, vuestro corazón, yo os digo; pues el Ser eterno mora siempre en él.»

16. «Si deseáis hacer obras de piedad o de amor, realizadlas con el corazón abierto, y que vuestra acción no sea motivada por la esperanza de un beneficio o por un cálculo comercial.»

17. «Porque tal acción no os reportará la salvación y caeríais, entonces, en un estado de degradación moral en que el robo, la mentira y el asesinato pasan por actos generosos.»

# X

1. El santo Issa iba de una a otra ciudad, fortaleciendo por la palabra de Dios el ánimo de los israelitas, que estaban dispuestos a sucumbir bajo el peso de la desesperación; y millares de hombres le seguían para oír sus predicaciones.

2. Pero los jefes de las ciudades tuvieron temor de él y comunicaron al gobernador principal, que residía en Jerusalén, que un hombre llamado Issa había llegado al país, que con sus sermones sublevaba al pueblo contra las autoridades, que la multitud le escuchaba asiduamente y desatendía los trabajos del Estado; añadiendo que, dentro de poco, se vería desembarazado de sus gobernantes intrusos.

3. Entonces Pilatos, gobernador de Jerusalén, ordenó que prendieran al predicador Issa, que le trajeran a la ciudad y le condujeran ante los jueces; no obstante, para no excitar el descontento del pueblo, encargó Pilatos a los ʻacerdotes y los sabios ancianos hebreos que le juzgaran en el templo.

4. Entretanto, Issa, prosiguiendo sus predicaciones, llegó a Jerusalén; sabiendo que iba a entrar en la ciudad, todos sus habitantes, que ya le conocían por su reputación, acudieron a su encuentro.

5. Y le saludaron respetuosamente y le abrieron las puertas de su templo a fin de oír de su boca cuanto había dicho en las otras ciudades.

6. Y les dijo Issa: «La raza humana perece a causa de su falta de fe, porque las tinieblas y la tempestad

han extraviado al rebaño humano, y éste ha perdido a sus pastores».

7. «Pero las tempestades no duran eternamente y las tinieblas no ocultarán para siempre la luz; el cielo pronto se serenará de nuevo, la claridad celeste se difundirá por toda la Tierra y las ovejas descarriadas se reunirán en torno de su pastor.»

8. «No os esforcéis en buscar caminos rectos en la oscuridad, por temor a caer en algún foso; pero, sí reunid vuestras postreras fuerzas, sosteneos los unos a los otros, poned toda vuestra confianza en vuestro Dios y esperad hasta que aparezca la primera luz.»

9. «Todo aquel que sostiene a su vecino, se sostiene a sí mismo; y quienquiera que proteja a su familia, protege a todo su pueblo y a su país.»

10. «Porque tened por cierto y seguro que está cerca el día en que seréis liberados de las tinieblas; vosotros os agruparéis en una sola familia y vuestro enemigo se estremecerá de temor; él, que ignora lo que es el favor del gran Dios.»

11. Los sacerdotes y los ancianos que le escuchaban, llenos de admiración ante su lenguaje, le preguntaron si era verdad que él hubiese intentado sublevar al pueblo contra las autoridades del país, como así habían transmitido al gobernador Pilatos.

12. «Puede uno sublevarse contra los hombres extraviados a quienes la oscuridad ha ocultado su camino y su puerta —respondió Issa—. Yo no he hecho más que prevenir a los desdichados, como lo hago aquí dentro de este templo, para que no avancen más lejos sobre sendas tenebrosas, porque se ha abierto un abismo bajo sus pies.»

13. «El poder terrestre no es de larga duración, se halla sometido a una infinidad de cambios. No sería de utilidad alguna para un hombre el sublevarse contra aquél, porque a un poderío sucede otro poder, y así acontecerá siempre hasta la extinción de la humana vida.»

14. «¿No véis, por el contrario, que los poderosos y los ricos siembran entre los hijos de Israel un espíritu de rebelión contra el poder eterno del cielo?»

15. Y entonces dijeron los ancianos: «¿Quién eres tú, y de qué país has venido hasta nosotros? No habíamos oído hablar de ti e ignorábamos tu nombre.»

16. «Yo soy israelita —respondió Issa—, y en el día de mi nacimiento vi las murallas de Jerusalén, y oí sollozar a mis hermanos reducidos a la esclavitud y lamentarse a mis hermanas cuando las condujeron a los paganos.»

17. «Y mi alma se entristecía dolorosamente cuando veía que mis hermanos habían olvidado el verdadero Dios; y siendo niño abandoné la casa de mi padre para fijar mi residencia en otros pueblos.»

18. «Pero habiendo oído decir que mis hermanos sufrían aún torturas mayores, he regresado al país que mis padres habitaban, para recordar a mis hermanos la fe de sus antepasados, que nos exhorta a la paciencia sobre la Tierra para hacernos obtener en lo alto la felicidad perfecta y sublime.»

19. Y los ancianos le preguntaron: «¿Es cierto, como aseguran, que tú reniegas de las leyes de Mossa y enseñas al pueblo el abandono del templo de Dios?»

20. Y dijo Issa: «No se ha demolido lo que ha sido dado por nuestro Padre celestial y lo que han destruido los pecadores; pero he recomendado purificar el corazón de toda mancha, porque allí está el verdadero templo de Dios.»

21. «En cuanto a las leyes de Mossa, me he esforzado en restablecerlas dentro del corazón de los hombres, y yo os digo que ignoráis su verdadero alcance, porque no es la venganza, sino el perdón, lo que ellas enseñan. Se ha desnaturalizado, solamente, el sentido de tales leyes.»

# XI

1. Después de haber oído a Issa, los sacerdotes y los doctos ancianos resolvieron entre ellos no juzgarlo, porque no perjudicaba a nadie; y habiéndose presentado ante Pilatos, instituido gobernador de Jerusalén por el rey pagano del país de Rómulo, le hablaron así:

2. «Hemos visto al hombre a quien tú acusas de excitar a nuestro pueblo a la rebelión, hemos oído sus predicaciones y sabemos que es compatriota nuestro.»

3 «Los mandatarios de las ciudades te han dirigido relaciones falsas, porque es un hombre justo que enseña al pueblo la palabra de Dios. Después de haberle interrogado, le hemos despedido para que vaya en paz.»

4. El gobernador se enfureció y envió cerca de Issa a sus servidores disfrazados, a fin de espiar todos sus actos y comunicar a las autoridades cada palabra que dirigiera al pueblo.

5. Sin embargo, el santo Issa continuó visitando las poblaciones vecinas y enseñando los caminos que conducen al Creador, exhortando a los hebreos a la paciencia y prometiéndoles una pronta liberación.

6. Y durante todo este tiempo, la gente le seguía por doquier y muchos de ellos no se separaban de él y le servían de criados.

7. Y decía Issa: «No creáis en los milagros realizados por la mano del hombre, porque Aquel que domina la naturaleza es el único capaz de obrar cosas sobrenaturales; mientras que el hombre es impotente para detener la corriente de los vientos y repartir la lluvia.»

8. «Hay, no obstante, un milagro que el hombre puede realizar; es cuando, lleno de una creencia sincera, se decide a desarraigar de su corazón todos los malos pensamientos y que, para lograr su cometido, no anda ya más por los caminos de la iniquidad.»

9. «Y todas las cosas que se obran sin Dios no son más que errores groseros, seducciones y encantamientos que demuestran, únicamente, hasta qué punto el alma del que practica tal arte está llena de desvergüenza, de mentira y de impureza.»

10. «No tengáis nunca fe en los oráculos: sólo Dios conoce el porvenir. El que haya recurrido a los adivinos mancilla el templo que se halla dentro de su corazón, y da prueba de desconfianza respecto a su Creador.»

11. «La fe en los hechiceros y en sus oráculos destruye la simplicidad innata en el hombre y su ingenua pureza; un poderío infernal se apodera del mismo y le obliga a cometer toda especie de crímenes y adorar a los ídolos.»

12. «Mientras que el Señor nuestro Dios, no tiene igual y es uno, omnipotente, omnisciente y omnipresente, y Él es quien posee toda la sabiduría y la luz toda.»

13. «A Él es a quien es menester os dirijáis para ser consolados en vuestras penas, ayudados en vuestros trabajos, y procurados en las enfermedades vuestras. Aquel, quienquiera que sea, que haya recurrido a Él, jamás será rechazado.»

14. «El secreto de la naturaleza está entre las manos de Dios; porque el mundo, antes de aparecer, existía en el fondo del pensamiento divino; se ha hecho material y visible por voluntad del Altísimo.»

15. «Cuando le busquéis a Él, volved a ser como niños, porque nada conocéis del pasado, del presente ni del futuro, y es Dios el dueño del tiempo».

# XII

1. «Hombre justo —le dijeron los servidores del gobernador de Jerusalén, disfrazados—, enséñanos si nos es necesario ejecutar la voluntad de nuestro César, o esperar nuestra próxima liberación.»

2. Y habiendo Issa reconocido a los mercenarios del César en aquellos que le interrogaban, les dijo: «Yo no os he anunciado que seríais liberados del César; es el alma, que se encuentra sumergida en el error, la que obtendrá su libertad».

3. «No puede existir familia y no habrá orden en un pueblo sin un César a quien es necesario obedecer ciegamente, porque sólo él responderá de sus actos ante el supremo tribunal.»

4. «¿Posee el César un poder divino —le preguntaron aún los espías— y es él, el mejor de los mortales?»

5. «Nadie es el mejor entre los humanos —contestó Issa—, pero hay algunos, enfermos, de los cuales deben cargar hombres escogidos y cuidarles usando los medios que les confiere la ley sagrada de nuestro Padre celestial.»

6. «La clemencia y la justicia, he aquí los más altos dones concedidos al César. Si se mantiene fiel a ellos, su nombre será ilustre.»

7. «Pero quien actuare de otro modo, violando los límites del poder que posee sobre el subordinado suyo, y llegando hasta poner su vida en peligro: aquél, ofende al gran Juez y perjudica su dignidad ante la opinión de los hombres.»

8. Entretanto, una mujer anciana, que se había aproximado a la multitud para oír mejor a Issa, fue apartada por uno de los hombres disfrazados, colocándose delante de ella.

9. Issa dijo entonces: «No es bueno que un hijo empuje a su madre para ocupar el lugar que a ella corresponde. Quienquiera que no respete a su madre, el ser más sagrado después de Dios, es indigno del nombre de hijo.»

10. «Escuchad, pues, lo que voy a deciros: Respetad a la mujer porque es la madre del universo; y toda la verdad de la creación divina reposa en ella.»

11. «Es la base de cuanto hay de bueno y bello; como también es el germen de la vida y de la muerte. De ella depende toda la existencia del hombre, porque ella es su apoyo moral y natural en sus trabajos.»

12. «Ella os da a luz entre sufrimientos; con el sudor de su frente, vigila vuestro crecimiento y hasta su muerte le causáis las más vivas angustias. Bendecidla y adoradla, pues ella es vuestro único amigo y vuestro sostén sobre la Tierra.»

13. «Respetadla, defendedla. Obrando así, ganaréis su amor y seréis agradables a Dios, y muchos de vuestros pecados os serán perdonados.»

14. «Por lo tanto, amad a vuestras esposas y respetadlas; porque ellas serán madres mañana y más tarde progenitoras de toda una nación.»

15. «Sed sumisos para con la esposa: su amor ennoblece al hombre, endulza su corazón endurecido, doma a la bestia y hace de ésta un cordero.»

16. «La esposa y la madre, son tesoro inapreciable que Dios os ha concedido. Son ellas el más bello ornato del universo, y nacerá de las mismas todo cuanto debe habitar el mundo.»

17. «Y así como el Dios de los ejércitos separó, en el principio, la luz de las tinieblas y la tierra de las aguas, la mujer posee el divino talento de separar en el hombre las buenas intenciones de las malas.»

18. «Por consiguiente, yo os digo: después de a Dios, vuestros pensamientos mejores deben pertenecer a las mujeres y a las esposas; siendo la mujer, para vosotros, el divino templo donde obtendréis más fácilmente la perfecta felicidad.»

19. «Extraed del fondo de ese templo vuestra fuerza moral; allí olvidaréis vuestras tristezas y vuestros fracasos, y recuperaréis las fuerzas perdidas que os serán necesarias para ayudar a vuestro prójimo.»

20. «No la expongáis jamás a humillaciones; si no, os hallaréis humillados vosotros mismos y perderíais el sentimiento del amor, sin el cual nada existe aquí abajo.»

21. «Proteged a vuestra esposa, para que ella os proteja a vosotros y a toda vuestra familia. Todo cuanto hagáis para vuestra madre, vuestra esposa, una viuda u otra cualquier mujer en su aflicción o peligro, lo habréis hecho por vuestro Dios.»

# XIII

1. El santo Issa adoctrinó así al pueblo de Israel durante tres años, en cada ciudad, en cada población, por los caminos y los llanos y todo cuanto predijo se cumplió.

2. Durante ese tiempo, los servidores del gobernador Pilatos le observaban minuciosamente, pero sin oír lo más mínimo que tuviera conexión con las acusaciones que los jefes de las poblaciones habían lanzado contra Issa.

3. Pero el gobernador Pilatos, temeroso de la gran popularidad del santo Issa, al cual sus adversarios habían inculpado de querer sublevar al pueblo para hacerse nombrar rey, ordenó a uno de sus espías que le acusara.

4. Se encargó entonces a los soldados que procedieran a su arresto y se le encerró en un calabozo donde se le hicieron sufrir diversos suplicios creyendo que de este modo le obligarían a acusarse a sí mismo, lo que permitiría condenarle a muerte.

5. El santo, no ocupándose más que de la perfecta beatitud de sus hermanos, soportó los padecimientos en nombre de su Creador.

6. Los servidores de Pilatos continuaron torturándole, y le redujeron a un estado de extrema debilidad; pero Dios, que estaba con él, no permitió que muriera.

7. Los principales sacerdotes y los doctos ancianos que tuvieron conocimiento de los sufrimientos y torturas que padecía su santo, fueron a rogar al gobernador

que liberase a Issa, con ocasión de una gran fiesta que estaba próxima.

8. Pero el gobernador rechazó el ruego. Suplicáronle, entonces, que hiciera comparecer a Issa ante el tribunal de los Ancianos, a fin de que fuera condenado o liberado antes de la fiesta; a lo cual accedió Pilatos.

9. Al siguiente día, el gobernador mandó reunir a los principales capitanes, sacerdotes, sabios ancianos y legisladores con el objeto de juzgar a Issa.

10. Se condujo al santo desde su prisión; mandósele sentar frente al gobernador entre dos malhechores a quienes se juzgaba al mismo tiempo que a él, y para mostrar a la multitud que no era él el único dispuesto a ser condenado.

11. Y Pilatos, dirigiéndose a Issa, le dijo: «¡Oh, hombre, ¿es verdad que tú sublevas a los habitantes contra las autoridades, con la intención de erigirte en rey de Israel?»

12. «No se llega a rey por propia voluntad —respondió Issa—, y te han mentido al afirmarte que yo sublevo al pueblo. Nunca he hablado más que del Rey de los cielos y adorarle es lo que yo he enseñado al pueblo.»

13. «Porque los hijos de Israel han perdido su pureza original y si no adoran al Dios verdadero serán sacrificados y su templo se desplomará en ruinas.»

14. «El poder temporal mantiene el orden en un país; yo les enseñaba, pues, a no olvidarlo y les decía: "Vivid conforme a vuestra posición y vuestra fortuna, a fin de no turbar el orden público", y les exhortaba también a recordar que el desorden reinaba en su corazón y en su espíritu.»

15. «Por ello el Rey de los cielos les ha castigado y les ha suprimido sus propios reyes. No obstante, les decía yo, si os resignáis a vuestra suerte, en recompensa os será reservado el reino de los cielos.»

16. En aquel momento introdujeron a los testigos, y uno de ellos declaró así: «Tú has dicho al pueblo que

el poder temporal era nada ante el Rey que debía prontamente sacudir a los israelitas el yugo pagano.»

17. «Seas, tú, bendecido —dijo Issa—, por haber dicho la verdad: el Rey de los cielos es muy grande y más poderoso que la ley terrestre, y su reino sobrepasa a todos los reinos que aquí tenemos.»

18. «Y no está lejos el tiempo en que, conforme a los deseos de la divina voluntad, el pueblo de Israel se purificará de sus pecados, porque se ha anunciado que vendrá un precursor a anunciar la liberación del pueblo y le reunirá en una sola familia.»

19. Y le interrumpió el gobernador dirigiéndose a los jueces: «¿Le oís? El israelita Issa confiesa el crimen del cual se le acusa. Juzgadle, pues, conforme a vuestras leyes, y condenadle a la pena capital»

20. «Nosotros no podemos condenarle —contestaron los sacerdotes y los ancianos—. Tú mismo acabas de oír que él hace alusión al Rey de los cielos, y que nada ha predicado a los hijos que constituya insubordinación alguna contra nuestras leyes.»

21. El gobernador mandó entonces a por el testigo que, hostigado por su dueño Pilatos, había traicionado a Issa. «¿No te hacías, tú, pasar por el rey de Israel cuando decías que el que reina en los cielos te había enviado para preparar a su pueblo?»

22. Y entonces Issa, habiéndole bendecido, le dijo: «Tú serás perdonado, porque esto que dices no viene de ti». Después, dirigiéndose al gobernador, añadió: «¿Para qué humillar tu dignidad, y por qué enseñar a tus inferiores a vivir en la mentira, si aun sin esto tú tienes el poder de condenar a un inocente?»

23. Al oír estas palabras, el gobernador entró en violenta cólera y ordenó que Issa fuera condenado a muerte, y los dos ladrones absueltos.

24. Los jueces, deliberando entre sí, dijeron a Pilatos: «Nosotros no asumiremos sobre nuestras cabezas el gran pecado de condenar a un inocente y liberar bandidos, cosa contraria a nuestras leyes.»

25. «Haz, pues, lo que te plazca.» Y dicho esto, los sacerdotes y los sabios ancianos salieron y se lavaron las manos en un vaso sagrado, diciendo: «Somos inocentes de la muerte del justo».

# XIV

1. Por orden del gobernador, los soldados se apoderaron de Issa y de los dos malhechores, a quienes condujeron al lugar del castigo donde les clavaron sobre cruces que habían levantado.

2. Durante todo el día, los cuerpos de Issa y de los dos bandidos permanecieron suspendidos, bañados en sangre, bajo la guardia de los soldados; el pueblo permanecía en pie alrededor suyo, mientras que sus familias rogaban y lloraban.

3. Al atardecer, terminaron los sufrimientos de Issa. Perdió el conocimiento, y el alma del justo separóse de su cuerpo para ser absorbido en la Divinidad.

4. Así terminó la terrena existencia del reflejo del eterno Espíritu, bajo la forma de un hombre que había salvado a los pecadores endurecidos y soportado tantos sufrimientos.

5. Pilatos, no obstante, sintió miedo a causa de su mala conducta e hizo entregar el cuerpo del santo a sus allegados, quienes le sepultaron cerca del lugar de su suplicio. La multitud fue a rogar sobre su tumba y llenó los aires de gemidos y sollozos.

6. Transcurridos tres días, el gobernador envió a sus soldados para levantar el cuerpo de Issa e inhumarlo en cualquier otro lugar, temiendo un levantamiento general.

7. Al día siguiente, la multitud halló la tumba abierta y vacía. Inmediatamente se difundió el rumor de que el Juez Supremo había enviado sus ángeles para llevar-

se el mortal despojo del santo en quien moró sobre la Tierra una parte del Espíritu divino.

8. En cuanto la noticia llegó a Pilatos, éste se incomodó y prohibió, bajo pena de esclavitud y de muerte, pronunciar siquiera el nombre de Issa y rogar por él a Dios.

9. Pero del pueblo muchos fueron conducidos a cautivero, sometidos a tortura y condenados a muerte.

10. Y los discípulos del Santo Issa abandonaron el país de Israel y marcharon en todas direcciones hacia tierras de los paganos, predicando que era menester abandonar sus errores y ocuparse de la salvación de su alma y de la felicidad perfecta que espera a los humanos en el mundo inmaterial y rebosante de luz, donde, en reposo, y en toda su pureza, reside en perfecta majestad el gran Creador.

11. Los paganos, sus reyes y sus guerreros oyeron a los predicadores, abandonaron sus creencias absurdas y desampararon a sus sacerdotes y a sus ídolos para entonar alabanzas al sapientísimo Creador del Universo, del Rey de Reyes, cuyo corazón rebosa misericordia infinita.

# Meditación de un viajero

eyendo la narración de la vida de Issa (Jesucristo), llama desde luego la atención, por una parte, el parecido que ofrecen ciertos pasajes con los relatos bíblicos y evangélicos y, por otra parte, las contradicciones igualmente manifiestas que diferencian, a veces, la versión budista de la del Antiguo y del Nuevo Testamento.

Para explicar esta singularidad, es necesario considerar, sobre todo, la época en que los hechos se consignaron por escrito.

Se nos enseña, es cierto, desde nuestra infancia, que el Pentateuco fue escrito por el mismo Moisés, pero las minuciosas investigaciones de los sabios contemporáneos han demostrado de manera precisa que no existía, en el país que baña el Mediterráneo, en el tiempo de Moisés, y aun mucho tiempo después de él, otra escritura que los jeroglíficos en Egipto y las inscripciones cuneiformes que en nuestros días se hallan en las excavaciones de Babilonia. Sabemos, por el contrario, que el alfabeto y el pergamino eran conocidos en China y en la India mucho tiempo antes de Moisés. Hay de ello pruebas suficientes. Los libros sagrados de la *religión de los Sabios* nos enseñan que el alfabeto fue inventado en China en el año 2800 antes de J.C. por Fou-hi, que fue el primer emperador de China que abrazó esta religión, de la cual él mismo arregló el ritual y las prácticas exteriores. Yao, el cuarto de los emperadores chinos que pertenecieron a esta creencia, publicó leyes orales y civiles y, en 2228, redactó un Código Penal. El quinto emperador, Soune, proclamó, en el año de su ascensión al trono, que la *religión de los Sabios* sería de allí en adelante la religión del Estado, y en 2282 promulgó nuevas leyes penales. Sus leyes, modificadas por el emperador Wu Wang, fundador de la dinastía de los Tchow en 1122, son conocidas actualmente bajo el nombre de «Mutaciones».

Por otra parte, la doctrina de Budor-Fo, cuyo verdadero nombre fue Sakiamuni, se escribió sobre pergamino. El foísmo empezó a extenderse en China hacia 260 antes de J.C.; en 206 un emperador de la dinastía Tsin, deseoso de estudiar el budismo, hizo venir de la India a un budista llamado Silifan y el emperador Ming-Ti, de la dinastía Han, ordenó un año antes del nacimiento de Jesucristo que le aportaran los libros sagrados escritos por el buda Sakiamuni, fundador de la doctrina budista, que vivió por allí el año 1200 antes de Jesucristo.

La doctrina del Buda-Gautama, que vivió seiscientos años antes de J.C., fue escrita sobre pergamino en la lengua *pali*. En esta época ya existían unos ochenta y cuatro mil manuscritos budistas, cuya redacción exigió un número considerable de años.

Entonces, cuando los chinos y los hindúes poseían ya una literatura escrita riquísima, en los pueblos menos afortunados o de una ignorancia más profunda, que no poseían alfabeto, los relatos se transmitían oralmente de boca en boca y de generación en generación. Y dada la poca fiabilidad de la memoria humana y su relativa impotencia, los hechos históricos, con la ayuda de la fantasía oriental, luego degeneraron en leyendas fabulosas que, más tarde, fueron reunidas, y a las que lcompiladores desconocidos dieron el título de *Cinco libros de Moisés*; atribuyendo igualmente la leyenda al legislador de los hebreos, un poderío divino extraordinario y atribuyéndole una serie de milagros realizados en presencia del Faraón. Otro motivo de confusión lo constituye el hecho de que Moisés sea considerado israelita por razón de su nacimiento.

Los cronistas hindúes, por el contrario, gracias a la invención del alfabeto, pudieron consignar en sus extensos artículos, no leyendas sino hechos recientemente acontecidos, o los relatos de mercaderes que llegaban de visitar países extranjeros.

Es menester, en este punto, recordar que en la Antigüedad, así como en nuestros días, toda la vida pública del Oriente está concentrada en los bazares, y las noticias de los acontecimientos que han tenido efecto en tal o cual país, son difundidas por los componentes de caravanas de mercaderes, seguidas ordinariamente de derviches que se ganan la vida con sus narraciones en las plazas o en los templos. Regresando de un viaje de negocios, los mercaderes narran, durante los días subsiguientes a su llegada, y esto con multitud de detalles, todo cuanto han visto u oído.

El comercio que la India mantenía con Egipto y luego con Europa pasaba por Jerusalén, donde, ya en tiempos del rey Salomón afluían caravanas hindúes que llevaban consigo metales preciosos y todos los materiales para la edificación del templo. Las mercancías de Europa llegaban a Jerusalén por mar y se desembarcaban en un puerto, en cuyo lugar se halla actualmente la ciudad de Jaffa.

Las crónicas en cuestión fueron redactadas antes, durante y después de Jesucristo, pero durante la permanencia de Jesús en la India en calidad de simple peregrino llegado para estudiar las leyes brahmánicas y budistas, no fue objeto de atención alguna.

Pero, un poco más tarde, llegaron a la India los primeros relatos de los acontecimientos de Israel, los cronistas consignaron por escrito cuanto se les acababa de referir acerca del profeta Issa, o sea que todo un pueblo fatigado del yugo de sus amos le había acompañado y que, por orden de Pilatos, había sido enviado al suplicio. Al mismo tiempo, dichos cronistas se acordaron de que aquel mismo Issa había residido recientemente entre ellos y que, de origen israelita, había ido allí a estudiar con los mismos y había regresado a su patria. Tomaron entonces un marcado interés por dicho hombre que acababa de engrandecer tan rápidamente ante sus ojos y se dedicaron a una minuciosa investigación acerca de su nacimiento, su pasado y todos los detalles de su existencia

Los dos manuscritos, de los cuales el lama del convento de Himis me leyó todo lo que se relacionaba con Jesús, forman colecciones de copias diversas escritas en lengua tibetana; traducciones de algunos rollos pertenecientes a la biblioteca de Lasa y traídos de la India, de Nepal y de Maghada, hacia el año 200 después de J.C., a un convento construido en el monte Marbur, cerca de la ciudad de Lasa.

Estos rollos-volúmenes se hallan escritos en lengua *pali* que ciertos lamas estudian a fin de poder hacer traducciones al tibetano.

Los cronistas eran budistas que pertenecían a la secta del buda Gautama.

Lo que atañe a Jesús no se encuentra puesto en debido orden en las mentadas crónicas, sino que se halla, sin continuidad ni coherencia, mezclado con relaciones de acontecimientos contemporáneos.

Los manuscritos nos relacionan, de pronto y sin explicaciones ni detalles, según el relato de algunos mercaderes llegados de Judea durante el mismo año de la muerte de Jesús, que un justo, llamado Issa, un israelita, después de haber sido dos veces consecutivas liberado por los jueces por ser el hombre de Dios, fue, sin embargo, condenado a muerte bajo la orden del gobernador pagano Pilatos, que temía que Jesús se aprovechara de su gran popularidad para restablecer el reino de Israel, y expulsar de él a los que lo habían conquistado.

Siguen después comunicaciones bastante incoherentes sobre las predicaciones de Jesús entre los gue bros y otros paganos. Dichas narraciones parecen referirse a los primeros años que siguieron tras la muerte de Jesús, por quien se toma un interés creciente. Uno de tales relatos, comunicado por un mercader, se refiere al origen de Jesús y de su familia; otro narra la expulsión de los prosélitos y las persecuciones que sufrieron.

Hasta el fin del segundo volumen no se halla la primera afirmación categórica del cronista; dice en ella que Issa es el hombre bendecido por Dios y el mejor de todos; que él es aquél a quien eligió el gran Brahma para que su espíritu encarnase.

Después de haber dicho que Issa descendía de padres pobres y de origen israelita, el cronista se entrega a una pequeña disgresión, con el objeto de explicar, conforme a antiguos relatos, lo que eran los hijos de Israel.

He dispuesto todos los fragmentos concernientes a la vida de Issa en su orden cronológico, y me he esforzado en darle a todo carácter de unidad, de lo cual estaba absolutamente falto.

Dejo al cuidado de los sabios, de los filósofos y de los teólogos la misión de inquirir las causas de las contradicciones que podrían hacerse resaltar entre *La vida del Santo Issa* que doy a la publicidad y los relatos de los evangelistas; pero me atrevo a creer que nadie titubeará en reconocer conmigo que la versión que presento al público, redactada tres o cuatro años después de la muerte de Jesús, según testigos oculares y contemporáneos, tiene muchas más condiciones y probabilidades de hallarse ajustada a la verdad, que la de los evangelistas, cuya composición efectuada en diversas épocas y en un período muy posterior al cumplimiento de los acontecimientos, ha podido contribuir, en gran medida, a desnaturalizar los hechos y alterar su sentido.

Antes de ocuparme directamente de la vida de Jesús, debo decir algo de la historia de Moisés, quien, de conformidad con la leyenda más acreditada hasta hoy, era israelita; lo cual es negado por los budistas. Sabemos, desde luego, que Moisés era un príncipe de Egipto, el hijo de un Faraón y que fue instruido por doctos israelitas. En efecto, examinando atentamente este punto tan importante, es menester, creo yo, convenir en que el autor budista podría muy bien tener toda la razón.

Sin intentar destruir en lo más mínimo la leyenda acerca del origen de Moisés, todo el mundo admitirá conmigo que Moisés no fue un simple israelita, por la razón muy apreciable de que la educación que había recibido fue verdaderamente la de un hijo de rey; y que es muy difícil creer que un niño recogido por casualidad en el palacio, hubiera podido ser educado a la par con el hijo del soberano. La manera en que los egipcios trataban a sus esclavos demuestra que aquel pueblo no se distinguía, precisamente, por su dulzura de carácter y a un niño encontrado por azar no le hubieran igualado a los hijos del Faraón, sino que antes bien lo habrían mezclado con los sirvientes. Añádase a esto lo que es aquí preponderante, el espíritu de casta tan estrictamente observado en el antiguo Egipto.

Por otra parte, es difícil admitir que Moisés no hubiera recibido una instrucción completa. Pues, ¿cómo, sin ella, puede explicarse su gran obra de legislación, de vastos alcances, y sus altas cualidades de administrador?

Digamos ahora, ¿por qué se ligó a los israelitas, si era príncipe? La explicación me parece muy sencilla: se sabe que en los antiguos tiempos, como en los modernos, existían discusiones entre los hermanos sobre el tema de dilucidar quién sucedería a su padre en el trono. ¿Por qué no admitir la hipótesis de que Mossa o Moisés, hubiera deseado la fundación de un reino distinto, dado que la existencia de un hermano mayor le impedía acariciar la idea de posesionarse del trono de Egipto? Quizá con tal objeto llevó a cabo su aproximación a los israelitas, en quienes admiraba la firmeza de sus creencias y, al propio tiempo, su potencia física. Se sabe, efectivamente, que los israelitas de Egipto no se parecían, en cuanto a constitución física, a sus descendientes; los bloques de granito con los cuales se erigieron los palacios y las pirámides, se encuentran allá para atestiguarlo.

Y me explico, yo, de igual manera, la historia de los milagros que él hubiera realizado ante el Faraón.

Sin poseer argumentos definitivos para negar los milagros que Moisés, en nombre de Dios, pudiera haber efectuado en presencia del Faraón, creo, sin grandes dificultades, que el versículo budista es más verosímil que la glosa bíblica. La peste, la viruela o el cólera, debieron, en efecto, causar enormes estragos en las masas extremadamente densas del pueblo, en una época en que las ideas sobre la higiene eran todavía rudimentarias, y en donde, por consiguiente, el mal debía tomar rápidamente proporciones horribles.

Moisés, cuya inteligencia era muy vivaz y pronta a exteriorizarse, pudo muy bien en presencia del temor que el Faraón tenía a los elementos desencadenados, explicarle que aquello era una intervención del Dios de Israel en favor de sus elegidos.

Y halló Moisés, en esto, una excelente ocasión de libertar a los israelitas de su esclavitud y atraerles a su propio dominio.

Conforme a la voluntad del Faraón, siempre según los budistas, Moisés hizo salir a los israelitas fuera de las murallas de la ciudad; pero en vez de edificar una ciudad nueva en un sitio bastante próximo a la capital, como le había sido ordenado, les hizo abandonar el territorio egipcio. Compréndese fácilmente la indignación que debió de experimentar el Faraón al ver que Moisés infringía sus mandatos. Y por ello ordenó a sus soldados ponerse en marcha y en persecución de los fugitivos. Dada la disposicion geográfica de la región, preciso es considerar que Moisés bordeó las montañas durante toda su ruta y que entró en Arabia por el istmo que corona actualmente el canal de Suez. El Faraón, por el contrario, hizo tomar a sus tropas un camino en línea recta, en dirección al mar Rojo; pues, para reunirse con los israelitas que habían ya ganado la orilla opuesta de la ribera, quiso que se aprovechara el reflujo del mar en el golfo formado por la costa y el istmo; e hizo pasarlo a nado por sus soldados. Pero tal distancia del brazo de mar que debía franquearse y que él se había figurado que era bastante corta, halló que era, contra sus previsiones, considerable, de manera que comenzó el flujo en el momento en que el ejército egipcio se hallaba a mitad de la travesía, lo que fue causa de que ninguno de los que lo componían pudiera librarse de la muerte.

Este hecho tan sencillo de por sí, se ha transformado, a través de los tiempos, en una leyenda religiosa entre los israelitas, quienes veían en ello una intervención divina como castigo impuesto a sus perseguidores. Y hay fundamento para creer, por otra parte, que el mismo Moisés patrocinó tal creencia. Pero es ésta una tesis que me dedicaré a desarrollar en una próxima obra.

La crónica budista describe seguidamente la grandeza y la decadencia del reino de Israel, lo mismo que su conquista por los extranjeros que redujeron a sus habitantes a la esclavitud.

Los infortunios que pesaron sobre los israelitas y la tristeza que, en adelante, amargó sus días, según el cronista, eran razones más que suficientes para que Dios, apiadándose de su pueblo y queriendo ir en su ayuda, se decidiera a descender a la Tierra bajo forma de un profeta a fin de reconducirles por la senda de la salud.

Así, el estado de las cosas de esa época justificaba aquella creencia de que la venida de Jesús estaba asignada, era inminente y necesaria.

Explícase así, también, que las tradiciones budistas pudieran afirmar que el Espíritu eterno separóse del

Ser absoluto y se encarnó en el recién nacido de una familia piadosa y noble.

Nadie duda que los budistas, como los evangelistas, quieren significar con ello que el niño pertenecía a la real estirpe de David; tan sólo el texto del Evangelio según el cual «el niño había nacido del Espíritu Santo», puede ser interpretada en dos sentidos; mientras que, según la doctrina de Buda, que está más conforme a las leyes de la naturaleza, el Espíritu no hizo más que encarnarse en un niño ya nacido que Dios bendijo y escogió para cumplir su misión aquí en la Tierra.

En este punto hay una laguna en las tradiciones de los evangelistas que, sea por ignorancia o negligencia nada nos dicen de su infancia, de su juventud y educación. Empiezan la historia de Jesús con su primer sermón, es decir, en la época en que, a la edad de 30 años, regresa a su país.

Todo cuanto manifiestan los evangelistas a propósito de su infancia se halla falto, por entero, de precisión: «No obstante, el niño crecía y se fortificaba; hallándose pleno de sabiduría, y la Gracia de Dios estaba en él», dice uno de los autores sagrados, mientras que Lucas manifiesta: «El niño crecía y se fortificaba en espíritu, y vivió en el desierto hasta el día en que debía aparecer ante el pueblo de Israel».

Como quiera que los evangelistas redactaron sus escritos largo tiempo después de la muerte de Jesús, es de presumir que no hicieron, ellos, más que consignar por escrito los relatos que llegaron a los mismos, de los principales acontecimientos de la vida de Jesús.

Pero no así los budistas, que redactaron sus crónicas inmediatamente después de la Pasión, y que se dedicaron a recoger las noticias más seguras sobre todos los puntos que les interesaban, nos dan una descripción completa y muy detallada de aquella vida.

En aquellos infortunados tiempos en que la lucha por la existencia parecía haber destruido toda noción de Dios, el pueblo de Israel sufría la doble presión del ambicioso Herodes y de los despóticos y avaros romanos. Entonces, como hoy en día, los hebreos ponían toda su esperanza en la Providencia que, creían, debía enviar al hombre inspirado que les liberara de sus sufrimientos físicos y morales. No obstante, transcurría el tiempo y nadie tomaba la iniciativa de una revolución contra la tiranía de los gobernantes.

En tal época de turbulencias y de esperanzas, el pueblo de Israel olvidó por completo que existía entre ellos un pobre israelita, descendiente en línea directa de su rey David, cuyo pobre hombre había desposado a una joven que dio a luz un niño milagroso.

Al saberlo los hebreos, y fieles a sus tradiciones de afecto y respeto para con la raza de sus reyes, fueron en tropel a felicitar al feliz padre y contemplar al hijo. Es evidente que no transcurrió mucho tiempo sin que Herodes se enterara de todo cuanto acontecía. Temió que el niño, al crecer, utilizara su popularidad con el objeto de reconquistar el trono de sus mayores. Hizo buscar al niño que los israelitas se esforzaban en sustraer a la cólera del rey y entonces fue cuando éste ordenó el horrible sacrificio de niños, esperanzado en que Jesús pereciera en tan vasta hecatombe humana. Pero la familia de José presintió la terrible ejecución que meditaba Herodes y se refugió en Egipto.

Algún tiempo después, regresó a su tierra natal. El niño había crecido en esos viajes que pusieron, más de una vez, su vida en peligro. Entonces, como en el presente, los israelitas orientales comenzaban a instruir a sus hijos desde la edad de cinco a seis años.

Obligados los padres a ocultarse siempre, no dejaban salir a su hijo, quien, sin duda, pasó todo el tiempo estudiando las Sagradas Escrituras; de suerte que a su regreso a Judea había adelantado en mucho a todos los de su edad; lo que sorprendió a los sabios ancianos. Tenía entonces 13 años de edad, en la cual, según la ley judaica, el joven alcanza la mayoría de edad y tiene el derecho de contraer matrimonio y de cumplir sus deberes religiosos al igual que los adultos.

Existe también, y todavía perdura en la actualidad entre los israelitas, una antigua costumbre religiosa, como hemos dicho antes, que fija la mayoría de edad de un hombre a los 13 años cumplidos. A partir de esta época, el adolescente es ya miembro de la sociedad y goza de iguales derechos que los adultos. Igualmente, en tal edad, el matrimonio pasa por tener fuerza de ley, y hasta por ser indispensable en los países cálidos. No obstante, en Europa, esta costumbre ha caído en desuso y no tiene importancia alguna, debido a la influencia de las leyes locales y de la misma naturaleza, que aquí no contribuye tan poderosamente como en los cálidos países al desarrollo físico de los jóvenes.

Su origen de realeza, su rara inteligencia y los sólidos estudios que había llevado a cabo, le convertían en un excelente partido, y los hombres, los más ricos y los más nobles, hubieran querido tenerle como yerno. Al igual, hoy en día, los israelitas consideran un gran honor el desposar a sus hijas con un hijo de rabino o de sabio. Pero el joven, reflexivo y desgajado de toda cosa corporal, como devorado por la sed de conocimientos, abandonó clandestinamente el hogar paterno y marchó a la India con las caravanas.

Muy bien se puede creer que Jesucristo prefirió partir para la India, porque en tal época Egipto mismo formaba parte de las posesiones romanas; además, o tal vez ante todo, porque un cambio comercial muy activo con la India había difundido en Judea una infinidad de relatos acerca del carácter majestuoso y la riqueza inaudita de las artes y las ciencias en aquel país maravilloso, hacia donde todavía se dirigen todas las aspiraciones de los pueblos civilizados.

Aquí, los evangelistas pierden una vez más el hilo de la vida terrestre de Jesús: «Vivía en el desierto hasta el día en que debía aparecer ante el pueblo de Israel», lo que demuestra únicamente que nadie sabía hacia dónde había desaparecido el santo joven, que reapareció, súbitamente, dieciséis años después.

Llegado a la India, país de las maravillas, Jesús empieza por frecuentar los templos de los Jainas.

Ha existido hasta nuestros días en la península del Indostán una secta que se denomina *jainismo*. Forma, por así decirlo, un enlace entre el budismo y el brahmanismo, y predica la destrucción de todas las otras creencias, a las que declara plagadas de falsedad. Se remonta al II siglo antes de J.C., y su nombre deriva de la palabra «djaine» (conquistador), que se ha atribuido como símbolo de su triunfo sobre sus rivales.

Maravillados de las condiciones espirituales del joven, los jainas le rogaron permaneciera entre ellos; pero Jesús se separó para establecerse en Djaggernat, donde se consagró al estudio de tratados de religión, filosofía, etcétera. Djaggernat, una de las principales ciudades sagradas de los brahmanes, y que, en el tiempo de Cristo gozó de una gran importancia religiosa. Según la tradición, se conserva allí en el hueco de un árbol próximo a un magnífico templo que frecuentan cada año millares de humanos, las cenizas del ilustre brahmán Krishna, que vivió en 1580 antes de J.C. y compiló y puso en orden los Vedas, de los cuales efectuó la división en cuatro libros, a saber: *Rig, Yagur, Sama y Atharva*. El propio Krishna, que por dicho trabajo recibió el nombre de Viasza (el que ha recogido y dividido los Vedas) redactó igualmente el *Vedanta* y dieciocho *Puranas* compuestos de cuatrocientas mil estrofas.

Además, existe en Djaggernat una biblioteca preciosísima de libros sánscritos y manuscritos religiosos.

Jesús vivió allí seis años, estudiando la lengua del país y el sánscrito, lo que le permitió profundizar todas las doctrinas religiosas, la Filosofía, la Medicina y las Matemáticas. Halló mucho que censurar en las costumbres y leyes brahmánicas, y sostuvo discusiones públicas con los brahmanes, que se esforzaban en convencerle del carácter sagrado de los usos establecidos. Entre otras cosas, halló Jesús especialmente inicuo que se humillara al obrero, a quien no tan sólo se le privaba de los bienes futuros, sino que se le coartaba el derecho de oír las lecturas religiosas. Y Jesús predicaba ante los sudras, última casta de esclavos, diciendo que Dios es Uno, según sus propias leyes, que todo lo que existe, no existe más que por Él; que, ante Él, todo es igual y que los brahmanes habían oscurecido el gran principio del monoteísmo, desnaturalizando las palabras de Brahma mismo, e insistía excesivamente sobre las ceremonias exteriores del culto.

Según la doctrina de los brahmanes, Dios habla de sí mismo a los ángeles en estos términos: «Yo he sido desde la eternidad y seré eternamente. Yo soy la causa primera de todo lo que existe al Este y al Oeste, al Norte y al Sur, en lo alto y en lo bajo, en el cielo y en los infiernos. Yo soy anterior a todas las cosas. Yo soy el Espíritu de la creación del universo; soy su creador. Yo soy todopoderoso; soy el Dios de los dioses, el Rey de los reyes. Yo soy Para-Brahma, la inmensa alma del universo».

Después de haber aparecido el mundo por expreso deseo de Para-Brahma, Dios creó a los hombres, que clasificó en cuatro rangos distintos, según su color: blanco *(brahmanes)*; rojo *(chatrias)*; amarillo *(vasyas)* y negro *(sudras)*. Extrajo, Brahma, los primeros de su propia boca y les otorgó en herencia el gobierno del mundo, el cuidado de enseñar a los hombres las leyes, el curarles y juzgarles. También es de patrimonio único de los brahmanes los cargos de sacerdote, y los predicadores, comentadores de los Vedas, son los únicos que deben observar el celibato.

La segunda casta, la de los *chatrias*, salió de la mano de Brahma. La hizo de guerreros, confiándole el cuidado de defender a la sociedad. Todos los reyes, príncipes, capitanes, gobernantes y gente de guerra pertenecen a dicha casta, que mantiene con los brahmanes relaciones selladas en la mayor cordialidad, porque no pueden subsistir la una sin la otra; y dado que la paz del país depende de la alianza de la inteligencia con la espada, del templo de Brahma y el trono real.

Los *vasyas*, que constituyen la tercera casta, los hizo surgir Brahma de su propio vientre. Están destinados a cultivar la tierra, practicar el comercio y ejercer todo tipo de oficios, a fin de sustentar a los *brahmanes* y a los *chatrias*. Se les autoriza para que únicamente en los días festivos puedan concurrir al templo y oír la lectura de los Vedas. Y durante las otras épocas deben ocuparse en sus negocios.

La última casta, la de los negros o *sudras*, salió de los pies de Brahma, para ser los humildes servidores y esclavos de las otras tres castas anteriores. Se les prohíbe en absoluto asistir a la lectura de los Vedas, y es mancharse el estar en contacto con ellos. Son unos seres pobrísimos, despojados de todo derecho humano, no pudiendo ni aun mirar a los miembros de las castas superiores, y ni en caso de enfermedad pueden ser asistidos por médico alguno.

Sólo la muerte puede librarlos de su vida de esclavitud; pero, para ello, les es todavía necesario que durante toda su existencia hayan servido sin pereza ni queja a uno de los miembros de las dos clases privilegidas. Sólo entonces, después de haber cumplido con fidelidad y excesivo celo sus funciones cerca de un *brahman* o de un *chatria*, el *sudra* tendrá la promesa de que su alma, después de la muerte, será elevada a una casta superior.

Si un *sudra* desobedece a un miembro de las otras clases, cae en desgracia, se le expulsa de su casta, se le hunde al rango de *paria* y se le destierra de todos los pueblos y ciudades; es objeto de general desprecio, y es como un ser abyecto a quien sólo se le permite realizar los trabajos más humillantes.

El mismo castigo puede, por otra parte, aplicarse a un miembro de cualquier otra casta; pero éstos, a fuerza de arrepentirse, de ayunos y de pruebas, pueden ser reintegrados a su primitivo rango, mientras que el infeliz *sudra*, al ser expulsado de la suya, la ha perdido para siempre.

Por todo lo anterior se comprenderá la adoración de los *vasyas* y los *sudras* por Jesús; quien, a pesar de las amenazas de los *brahmanes* y *chatrias*, nunca les abandonó.

Y es que Jesús, no sólo anatematizaba en sus sermones que se despojara al hombre del derecho de ser considerado como tal, en tanto se adoraba a un mono o a un pedazo de mármol o metal, sino que se indignó, además, contra el principio mismo del brahmanismo, su sistema de dioses, su doctrina y su *trimurti* (trinidad), piedra angular de esa religión.

Se representa a los Para-Brahma con tres rostros en una sola cabeza: es la *trimurti* (trinidad), compuesta de: «Brahma» (creador), «Visnú» (conservador) y «Siva» (destructor).

He aquí cuál es el origen de la *trimurti*:

*Brahma,* ser creador; *Visnú,* sabiduría conservadora; *Siva,* cólera destructiva de la justicia. Es *Brahma,* la sustancia de la cual todo está hecho; *Visnú,* el espacio donde todo vive, y *Siva,* el tiempo que aniquila todas las cosas.

En el principio, Para-Brahma creó las aguas y echó la simiente generadora, que se transformó en un huevo brillante donde se reflejaba la imagen de Brahma. Transcurrieron millones de siglos cuando Brahma dividió el huevo en dos mitades; de las cuales una, la superior, fue al Cielo, y la mitad inferior constituyó la Tierra. Hecho esto, Brahma descendió a la Tierra bajo la apariencia de un niño, se instaló sobre una flor de loto, sumergióse en sí mismo, y se hizo esta pregunta: «¿Quién custodiará y protegerá lo que he creado?» Una respuesta salió de su boca bajo la apariencia de una llama: «Yo»; y Brahma dio a esta palabra el nombre de *Visnú*, que quiere decir «el que conserva». Después dividió Brahma su ser en dos mitades, la una macho y la otra hembra, el mundo activo y el mundo pasivo, cuya unión dio la existencia a *Siva*, «el destructor».

Éstos son los atributos de la *trimurti*: *Brahma* es el rostro que todo lo vivifica; *Visnú*, el agua que sostiene las fuerzas de las criaturas; *Siva*, el fuego que rompe el vínculo que todo lo une. Es *Brahma*, el pasado; *Visnú*, el presente, y *Siva*, el porvenir. Cada parte de la *trimurti* posee, además, una esposa: la de Brahma, es Saravasti, diosa de la Sabiduría, la de Visnú, se llama Lacksmi, diosa de la Virtud; y Siva se desposó con Kali, diosa de la muerte, la destructora universal.

De esta última unión, nacieron el sabio dios Ganesa e Indra, jefe de las divinidades inferiores, cuyo número, comprendido en él todos los objetos de adoración de los hindúes, asciende a la cifra de trescientos millones.

Visnú descendió ocho veces a la Tierra, encarnándose ya en un pez para salvar del diluvio los libros sagrados, ya en una tortuga, como después en un enano, un jabalí, un león; como asimismo en Rama, hijo de rey, en Krishna, en Badda. Y volverá por novena vez, bajo forma de un jinete, montado en caballo blanco, para destruir a la muerte y los pecados.

Jesús negó la existencia de estas ineptas jerarquías de dioses que oscurecían el gran principio del monoteísmo.

Al ver los brahmanes que el pueblo comenzaba a abrazar la doctrina de Jesús, que se convirtió en su adversario, cuando habían tratado de ganárselo a su causa, resolvieron matarlo. Pero sus servidores, que le amaban profundamente, le previnieron del peligro que le amenazaba, y se refugió en los montes del Nepal. En aquel tiempo, el budismo había echado profundas raíces en el país y el cisma era muy acusado en lo referente a principios morales e ideas sobre la naturaleza de la divinidad; esas ideas aproximaban el hombre a la naturaleza y unían a los hombres entre sí.

El fundador de tal secta, Sakiamuni, nació 1500 años antes de J.C. en Kapila, capital del reino de su padre, cerca de Nepal, en el Himalaya. Pertenecía a la raza de los Gautámidas y a la familia de los antiguos Sakyas. Desde su infancia demostró un profundo interés por la religión y, contrariando los deseos de su padre, abandonó su lujo y el palacio que habitaba. Comenzó a predicar contra los brahmanes, purificando al mismo tiempos sus doctrinas. Su cuerpo fue quemado y sus cenizas, divididas en muchas porciones, se repartieron entre las poblaciones donde su nueva doctrina había arrojado al brahmanismo.

Según el budismo, el Creador permanece siempre en un estado de inacción perfecta que nada turba, y de la cual no sale sino en épocas determinadas por el destino, para crear budas terrestres. A este fin, el Espíritu se desprende del soberano Creador, se encarna en un buda y en él reside por algún tiempo en la Tierra: donde crea «bodisatvas» (maestros), cuya misión es predicar la palabra divina y fundar nuevas iglesias de creyentes, a los cuales ellos dictarán leyes y para quienes instituirán un nuevo orden religioso según las tradiciones del budismo.

Un buda terrestre es, en cierta manera, un reflejo del soberano Buda creador, al cual se reúne nuevamente después de haber terminado su existencia sobre la Tierra. Y los bodisatvas también en recompensa de sus trabajos y privaciones que han sufrido aquí abajo, reciben la beatitud eterna y gozan de un reposo que nada podría turbar.

Jesús permaneció seis años entre los budistas, donde halló el principio del monoteísmo, todavía virgen. Llegado a la edad de 26 años, se acordó de su patria oprimida por el yugo extranjero. Y regresó a su país.

Durante su viaje predicó contra la idolatría, los sacrificios humanos y los errores religiosos; exhortando a todo el mundo a reconocer y adorar a Dios, padre de todos los seres, quien amaba por igual así a los dueños que a los esclavos, porque todos son sus hijos, a quienes ha dado como común patrimonio su espléndido universo. Los sermones de Jesús solían producir una profunda impresión en las naciones que atravesaba, corriendo toda suerte de peligros, que le suscitaba la animadversión del clero, y de los cuales era salvado por los mismos idólatras que antes habían ofrecido sus hijos en sacrificio a sus ídolos.

Recorriendo Persia, Jesús casi provocó una revolución entre los adoradores de la doctrina de Zoroastro. Los sacerdotes no le mataron directa y abiertamente, temerosos de que el pueblo le vengara. Y se valieron de la astucia haciéndole salir de noche fuera de la ciudad, esperando que los animales salvajes lo despedazaran. Pero Jesús escapó sano y salvo marchando al territorio de Israel.

Hay que tener en cuenta que los orientales, en medio de su miseria, alguna vez tan pintoresca, y en el océano de depravación donde zozobran, se hallan bajo la influencia de sus sacerdotes y preceptores, y que, sin embargo, tienen un gran interés por la instrucción y comprenden fácilmente las explicaciones bien desmenuzadas. Más de una vez me ha acontecido, con ayuda de simples palabras verdaderas, hacer un llamamiento a la conciencia de un ladrón o de un insumiso, esas gentes movidas por un sentimiento de honradez innato en ellas, y que el clero, a virtud del fin personal que persigue, se esfuerza por todos los medios posibles ahogar en los mismos; esas gentes, digo, volvían a ser honrados y no despreciaban a los que les habían embaucado.

Con la simple virtud de la sinceridad, podría convertirse la India entera con sus 300 millones de ídolos, en un vasto país cristiano; pero tan bello proyecto causaría sin duda un notable perjuicio a ciertos cristianos que, semejantes a los sacerdotes mencionados, especulan sobre la ignorancia de las masas para enriquecerse.

Dice san Lucas que «Jesús contaba apenas 30 años cuando empezó a ejercer su ministerio». Según el cronista budista, Jesús debería haber comenzado su predicación, dentro de sus 29 años. Todos sus sermones, que los evangelistas no mencionan y que han sido conservados por los budistas, son notabilísimos por su carácter de grandeza divina. La reputación del nuevo predicador se extendió rápidamente por todo el país, y Jerusalén aguardaba con impaciencia su llegada. Ya cerca de la ciudad sagrada, todos los habitantes fueron a su encuentro para recibirle y le condujeron triunfalmente al templo, lo que era conforme a la tradición cristiana. Los jefes y los sabios que le oyeron, admiraron sus sermones y se regocijaron de la impresión bienhechora que ejercían las palabras de Jesús en la multitud. Sus sermones más importantes están llenos de palabras sublimes.

Sin embargo, el gobernador del país no vio las cosas bajo el mismo cariz. Agentes suyos celosos, comunicábanle que Jesús anunciaba la próxima llegada de un nuevo reino y la restauración del trono de Israel, y que él se proclamaba Hijo de Dios, enviado para realzar el ánimo de Israel; porque Él, rey de Judea, ascendería muy pronto sobre aquel trono de sus antepasados.

No quiero yo atribuir a Jesús el papel de un revolucionario; pero sí me parece muy probable que excitara al pueblo con miras de restablecer el trono que le correspondía en pleno derecho. Inspirado divinamente, y convencido, al mismo tiempo, de que sus pretensiones eran legítimas, Jesús predicó, por tanto, la unión espiritual del pueblo como base para una unión política.

Alarmado Pilatos por tales rumores, convocó a los sabios y a los ancianos del pueblo, ordenándoles prohibieran a Jesús la predicación pública y le condenaran en el templo bajo la inculpación de apostasía. Era éste el medio más eficaz para desembarazarse de un hombre peligroso, cuyo origen real conocía Pilatos y cuya gloria crecía ante el pueblo.

Es de notar que los israelitas, muy lejos de perseguir a Jesús, reconocían en él al descendiente de la ilustre estirpe de David y, en su virtud, le hacían objeto de sus secretas esperanzas, como resulta del mismo Evangelio, al relatar que Jesús predicaba libremente en el templo, en presencia de los ancianos, quienes hubieran podido impedirle no sólo el acceso al templo, sino hasta las propias predicaciones.

Por orden de Pilatos, reunióse el Sanedrín y citó a Jesús para que compareciera ante el Tribunal.

Después de informarse los miembros del Sanedrín, comunicaron a Pilatos que sus sospechas eran infundadas, pues Jesús sólo hacía proselitismo religioso; tanto más que Jesús decía que había venido, no a derogar sino a restablecer las leyes de Moisés. La crónica budista no hace más que confirmar esta simpatía que existió indudablemente entre Jesús, joven predicador, y los ancianos del pueblo de Israel, y de ahí su respuesta: «No se juzga a un justo».

Pilatos, en modo alguno se tranquilizó y continuó buscando una ocasión de citar otra vez a Jesús ante un nuevo tribunal. Y al efecto, lanzó en su persecución a una multitud de agentes que le vigilaran e hicieran presa, al fin, de su cuerpo.

Según los evangelistas, fueron los fariseos y los hebreos quienes dieron muerte a Jesús, mientras que la crónica budista declara positivamente que únicamente es Pilatos quien debe asumir toda responsabilidad. Esta versión es evidentemente mucho más verosímil que el relato evangélico, pues los conquistadores de Judea no podían tolerar largo tiempo la presencia de un hombre que anunciaba al pueblo la liberación próxima del yugo extranjero.

Al percatarse Pilatos de la popularidad de Jesús, se puede suponer que envió cerca del predicador espías encargados de vigilar sus palabras y sus menores actos. Constituidos en verdaderos agentes provocadores, los secuaces del gobernador romano, se esforzaban, además, por medio de embarazosas preguntas que dirigían a Jesús, en arrancarle alguna expresión imprudente, que hubiera dado a Pilatos pie para ensañarse contra él. Si la predicación de Jesús hubiese disgustado a los sabios y a los sacerdotes, hubieran, simplemente, ordenado al pueblo no escucharle, no seguirle, prohibiéndole la entrada al templo. Y precisamente los mismos evangelistas cuentan que Jesús gozaba de gran libertad en medio de los israelitas y dentro de los templos, donde los fariseos y los sabios conversaban con él.

A fin de poderle condenar, Pilatos le hizo torturar, con el propósito de arrancarle la confesión de su presunta traición. Viendo que las torturas no producían el resultado que apetecía y que Jesús no aceptaba la culpa, al contrario de lo que acontecía a otros acusados inocentes que, abatidos por los sufrimientos, lo verificaban para escapar de mayores torturas, mandó Pilatos que se procediera a las máximas crueldades, con el objeto de llegar a la muerte del mismo por el agotamiento de fuerzas. Sin embargo, Jesús, reuniendo todo su valor en la voluntad propia y la confianza en la justa causa, que era la de la nación y del mismo Dios, opuso una resistencia inquebrantable a todos los refinamientos de crueldad de sus verdugos.

Tales torturas provocaron el descontento de los ancianos, que resolvieron intervenir en su favor y solicitar que se le pusiera en libertad antes de la fiesta de la Pascua.

Al ser rechazada por Pilatos su demanda, decidieron insistir para que fuera juzgado ante el tribunal, seguros de su absolución; lo que parecía tanto más seguro, cuanto que el pueblo por entero lo deseaba ardientemente.

A los ojos de los sacerdotes, Jesús era un santo que pertenecía a la familia de David, y su detención injusta o, lo que era peor, su condenación, habría entristecido profundamente la solemnidad de la gran fiesta nacional de los israelitas.

Cuando vieron rechazadas sus demandas, solicitaron que el juicio se celebrara antes de la festividad. Accedió Pilatos esta vez a su deseo; pero hizo que se juzgara al mismo tiempo a dos malhechores, no dejando condenar sólo a Jesús, para no tener al pueblo bajo la impresión de un veredicto dictado con anticipación. Por el contrario, la condenación simultánea de Jesús y los dos malhechores borraba casi la injusticia cometida con uno de los acusados.

La acusación se fundaba en las declaraciones de testigos mercenarios.

Durante el juicio, Pilatos se aprovechó de las palabras de Jesús que predicaban el reino del Cielo para justificar la acusación que se formulaba contra el último. Contaba, parece, con el efecto producido para persuadir a los miembros del tribunal de no examinar demasiado minuciosamente los detalles de la causa que juzgaban para pronunciar el veredicto que él deseaba tuviera efecto.

Después de oír la opinión de los jueces en el sentido de que las palabras de Jesús eran totalmente opuestas a la acusación y que, por este punto, no podía ser condenado, Pilatos recurrió al último medio que pudo utilizar: la declaración de un delator que, contra lo que el gobernador pensaba, debía producir en el ánimo de los jueces una impresión muy fuerte. El miserable, que no era otro que Judas, acusó formalmente a Jesús de haber fomentado una revuelta en el pueblo.

Tuvo lugar entonces la escena más sublime que conocemos. Cuando Judas articuló su acusación, Jesús se volvió hacia él, y bendiciéndole, le dijo: «Tú serás perdonado, porque lo que dices no sale de ti». Y después, dirigiéndose al gobernador: «¿Por qué humillas tú, tu dignidad, y por qué enseñas a tus inferiores a vivir en la mentira, ya que hasta sin esto tú tienes la potestad de condenar a un inocente?»

Excelsas y conmovedoras palabras. Jesucristo se manifiesta en ello en toda su grandeza, convenciendo primero al informador de haber vendido la conciencia, y perdonándolo luego. A continuación se dirige a Pilatos, reprochándole el haber recurrido, para obtener su condena, a procedimientos tan denigrantes para su dignidad.

La acusación que Jesús dirigió al gobernador Pilatos hizo olvidar a éste su posición y la prudencia dentro de la cual debía haberse encerrado, y así es que exigió, entonces, imperiosamente, la condenación de Jesús. Y como si quisiera hacer resaltar el poder ilimitado de que disponía, ordenó la libertad de los dos malhechores.

Los jueces, ante la exigencia de Pilatos de querer liberar a los dos ladrones y que Jesús fuera condenado, a pesar de ser inocente, rehusaron cometer tal doble crimen ante su conciencia y ante las leyes, pero no teniendo valor suficiente para luchar contra quien poseía el derecho de juzgar en último término, y viéndole firmemente resuelto a desembarazarse a cualquier precio de un hombre que hacía sombra a las autoridades romanas, dejaron que pronunciara el veredicto que tanto anhelaba. Y para no provocar las censuras de la multitud, que no les habría perdonado el haberse hecho culpables de una sentencia injusta, se lavaron las manos; mostrando así que no tenían complicidad alguna en la muerte del justo Jesús, a quien el pueblo adoraba.

Hará unos diez años que leí en un diario alemán, el *Fremdenblatt*, un artículo sobre Judas, donde el autor se esforzaba en demostrar que el delator había sido el mejor amigo de Jesús. Fue por amor a su maestro por lo que Judas le traicionó en su ciega creencia en las palabras del Salvador, que decía que llegaría un reino después de su suplicio. Pero que después de verle crucificado y tras haber esperado inútilmente su inminente resurrección, que creía próxima, Judas, no pudiendo soportar el dolor que le torturaba, se ahorcó. Es inútil insistir sobre esta elucubración, muy original, por cierto.

Volviendo ahora al relato del Evangelio y a la crónica budista, puede muy bien deducirse que el asalariado delator fuera Judas, aunque la versión budista silencia este punto. En cuanto a la teoría de los remordimientos de conciencia que obligaron al delator a darse muerte, yo no le concedo crédito alguno. Un hombre capaz de cometer semejante bajeza y cobardía y de dirigir contra alguien de su pleno conocimiento una acusación notoriamente falsa. y esto no por envidia o espíritu de venganza, sino por un puñado de dinero; un hombre así, digo, es incapaz de saber lo que es la honradez, y los remordimientos le son desconocidos en absoluto.

Es de presumir, antes bien, que el propio gobenador lo hubiese llevado a cabo con miras especiales, como sucede algunas veces en nuestros días, cuando es necesario a todo trance ocultar al pueblo un secreto grave y comprometedor, que un parecido hombre vago o de bajas condiciones podría muy bien traicionar sin preocuparse de sus consecuencias. Y por tanto, es muy lógico creer que le hubiese él mandado ahorcar para impedirle revelara un día que la delación de la cual Jesús había sido víctima, emanaba del mismo gobernador.

En el día de la ejecución, un numeroso destacamento de soldados romanos se colocó alrededor de la cruz para impedir que el pueblo rescatara a quien era objeto de su culto. En tal ocasión, Pilatos dio prueba de una firmeza y una resolución extraordinarias. Pero si gracias a las precauciones tomadas por él la sedición no estalló, no pudo impedir que después de la ejecución el pueblo llorara la ruina de sus esperanzas, que se derrumbaban en la persona del último vástago de la raza de David. El pueblo entero fue a adorar la tumba de Jesús. Y aunque nosotros tengamos detalles precisos sobre los primeros días que sucedieron a la pasión, podríamos, por conjeturas verosímiles, reconstituir las escenas que debieron de tener efecto. Es muy probable que el prudente lugarteniente del César romano, viendo que la tumba de Jesús llegó a ser el sitio de reunión de universales lamentaciones y el objeto de dolor nacional, y temiendo que la memoria de tal justo excitara el descontento del pueblo y sublevara al país por entero contra el yugo extranjero, hubiese empleado todos los medios posibles para borrar el recuerdo de Jesús. Y que Pilatos comenzase por inhumar su cuerpo. Durante tres días los soldados a quienes se confió la guardia del sepulcro, estuvieron expuestos a las agresiones e injurias del pueblo, que, arrostrando los peligros, iba tumultuosamente a adorar al gran mártir. Entonces Pilatos ordenó a los soldados sacar el cuerpo por la noche, que era cuando cesaba el peregrinaje, y abierta la primera tumba y retirando la guardia, enterrarlo clandestinamente en otra parte, haciendo creer a la multitud que Jesús había desaparecido. Pero a Pilatos se le frustró el plan, porque al día siguiente, no hallando ya el cuerpo de su Maestro en el sepulcro, los hebreos, supersticiosos y crédulos a los milagros, le declararon resucitado.

¿Cómo pudo arraigarse tal leyenda? Nada sabemos de ello. Quizás existió tan sólo latente durante largo tiempo y no se difundió desde luego entre el bajo pueblo; tal vez las autoridades eclesiásticas de los hebreos vieron con indulgencia esta inocente creencia que prestaba a los oprimidos la sombra de una revancha contra los opresores. Poco o nada importa saber el día en que la leyenda de la resurrección de Jesús llegó a ser conocida por todos; nadie se halló con suficientes fuerzas para demostrar su imposibilidad.

En lo que concierne a la resurrección, es necesario

constatar que, según los budistas, el alma del justo se unió al Ser eterno; mientras que los evangelistas insisten, al contrario, en la ascensión del cuerpo.

Me parece, no obstante, que los evangelistas y los apóstoles han obrado perfectamente dando una descripción plástica de la resurrección; porque, de otro modo, es decir, si el milagro hubiera sido menos material, sus predicaciones no hubiesen gozado, a los ojos de las naciones, de esta autoridad suprema, de este carácter tan manifiestamente divino con que el Cristianismo se reviste hasta en nuestros días como siendo la única religión capaz de reconciliar a los pueblos en un estado de entusiasmo sublime, de apaciguar sus instintos salvajes y de aproximarlos a la grande y simple naturaleza que Dios ha confiado, dícese, al débil enano que apellidan hombre.

# ÍNDICE

*La vida secreta de Jesús*
fue impreso en febrero de 2002
en UV Print